Todos los libros de Linkgua Ediciones cuentan con modelos de Inteligencia Artificial entrenados por hispanistas. Pregúntale al chat de tu libro lo que desees acerca de la obra o su autor/a.

Para ebooks: Accede a nuestro modelo de IA a través de un enlace.

Para libros impresos: Escanea el código QR de la portada con tu dispositivo móvil.

Obtén análisis detallados de nuestros libros, resúmenes, respuestas a tus preguntas y accede a nuestras ediciones críticas generativas para una experiencia de lectura más enriquecedora.
La transparencia y el respeto hacia la autoría de las fuentes utilizadas son distintivos básicos de nuestro proyecto. Por ello, las respuestas ofrecen, mediante un sistema de citas, las fuentes con las que han sido elaboradas.

Horacio Quiroga

Relatos

Barcelona 2025
Linkgua-ediciones.com

Créditos

Título original: Relatos.

© 2025, Red ediciones S.L.

e-mail: info@linkgua.com

Diseño de cubierta: Michel Mallard.

ISBN rústica ilustrada: 978-84-9897-431-7.
ISBN tapa dura: 978-84-1126-006-0.
ISBN ebook: 978-84-9897-835-3.

Cualquier forma de reproducción, distribución, comunicación pública o transformación de esta obra solo puede ser realizada con la autorización de sus titulares, salvo excepción prevista por la ley. Diríjase a CEDRO (Centro Español de Derechos Reprográficos, www.cedro.org) si necesita fotocopiar, escanear o hacer copias digitales de algún fragmento de esta obra.

Sumario

Créditos   4

Brevísima presentación   7
   La vida   7

Manual del perfecto cuentista   11

Decálogo del perfecto cuentista   19

La gallina degollada   21

El hombre muerto   31

Una historia inmoral   37

El desierto   47

Una noche de edén   67

El vampiro   75

Juan Darién   79

Libros a la carta   95

Brevísima presentación

La vida
Horacio Silvestre Quiroga Forteza (Salto, 31 de diciembre de 1878-Buenos Aires, 19 de febrero de 1937). Uruguay.

Era hijo del vicecónsul argentino en Salto quien descendía del caudillo riojano Facundo Quiroga. Desde pequeño vivió acontecimientos trágicos: a los tres meses de edad, su padre murió de un disparo accidental de su propia escopeta en su presencia.

En 1891 su madre se volvió a casar —esta vez con Ascencio Barcos—, y Quiroga estableció profundos vínculos afectivos con éste. Sin embargo, tras cinco años de matrimonio, Barcos, que sufría una parálisis provocada por un derrame cerebral, se suicidó.

Más tarde Quiroga terminó en Montevideo la enseñanza secundaria. Adquirió formación técnica, en el Instituto Politécnico de Montevideo, y general en el Colegio Nacional. En 1898 se enamoró de María Esther Jurkovski, que inspiraría dos obras suyas: *Las sacrificadas* y *Una estación de amor*. Por esos tiempos Quiroga comenzó a colaborar en el semanario *Gil Blas* y estableció amistad con el escritor argentino Leopoldo Lugones, que fue una de sus principales influencias.

Hacia 1900 Quiroga se fue a París tras recibir la herencia de su padre. Al volver, fundó con sus amigos Federico Ferrando, Alberto Brignole, Julio Jaureche, Fernández Saldaña, José Hasda y Asdrúbal Delgado, el «Consistorio del Gay Saber», un laboratorio literario donde ensayaron nuevas formas de expresión.

Tras la aparición de su primer libro (*Los arrecifes de coral*) murieron dos de sus hermanos víctimas del tifus. Ese mismo año su amigo Federico Ferrando, que había recibido fuertes críticas del periodista Germán Papini, decidió retar a duelo a aquél. Quiroga se ofreció para preparar el revólver que iba a ser utilizado en el duelo y mientras revisaba el arma se le escapó un disparo que mató a Federico.

Abatido, Quiroga cruzó el Río de la Plata en 1902 y fue a vivir con María, otra de sus hermanas. En 1903, acompañó como fotógrafo a Lugones en una expedición para investigar unas ruinas de las misiones jesuíticas. La visión de la jungla marcaría su vida, seis meses después compró unos campos de algodón en el Chaco. El proyecto fracasó. Y, sin embargo, en 1906 decidió volver otra vez a la selva y comprar otra finca.

Por entonces Quiroga se enamoró de una alumna suya —la adolescente Ana María Cires—; y le dedicó su primera novela, titulada Historia de un amor turbio, se casó con ella y la llevó a vivir a la selva. En 1911 Ana María dio a luz asistida por Quiroga a su primera hija, Eglé Quiroga, en su casa de la selva. Sin embargo, ella no se adaptaba a aquella vida y le pidió Quiroga que regresaran a Buenos Aires. Ante la negativa de éste, Ana María se envenenó en 1915.

Durante 1917, Quiroga vivió con sus hijos en un sótano de la avenida Canning, alternando su trabajo como diplomático y la escritura de relatos publicados en revistas. La mayoría de estos fueron recogidos en libros, el primero de los cuales fue *Cuentos de amor de locura y de muerte* (sic, título sin coma), que tuvo gran éxito de público y de crítica. Al año siguiente apareció *Cuentos de la selva*, colección de relatos infantiles protagonizados por animales y ambientados en la selva. Quiroga dedicó este libro a sus hijos, que lo acompañaron durante ese período de pobreza.

Hacia 1927, había decidido criar y domesticar animales salvajes, mientras publicaba su nuevo libro de cuentos, *Los desterrados*. Se había obsesionado con María Elena Bravo, adolescente compañera de clase de su hija Eglé, que cedió a sus reclamos.

A partir de 1932 Quiroga vivió en Misiones con María Elena y su tercera hija. Por entonces le diagnosticaron hipertrofia de próstata. Agravada su dolencia, Quiroga viajó a Buenos Aires y allí descubrieron que tenía un cáncer de próstata avanzado. Recluido en el hospital supo que en los sótanos vivía apartado un paciente con deformidades similares a las del Hombre Elefante. Quiroga exigió que el paciente —llamado Vicente Batistessa— compartiese habitación con él.

El 19 de febrero de 1937 y en presencia de Batistessa, Horacio Quiroga murió tras beber un vaso de cianuro.

Manual del perfecto cuentista

Una larga frecuentación de personas dedicadas entre nosotros a escribir cuentos, y alguna experiencia personal al respecto, me han sugerido más de una vez la sospecha de si no hay, en el arte de escribir cuentos, algunos trucos de oficio, algunas recetas de cómodo uso y efecto seguro, y si no podrían ellos ser formulados para pasatiempo de las muchas personas cuyas ocupaciones serias no les permiten perfeccionarse en una profesión mal retribuida por lo general y no siempre bien vista.

Esta frecuentación de los cuentistas, los comentarios oídos, el haber sido confidente de sus luchas, inquietudes y desesperanzas, han traído a mi ánimo la convicción de que, salvo contadas excepciones en que un cuento sale bien sin recurso alguno, todos los restantes se realizan por medio de recetas o trucos de procedimiento al alcance de todos, siempre, claro está, que se conozcan su ubicación y su fin.

Varios amigos me han alentado a emprender este trabajo, que podríamos llamar de divulgación literaria, si lo de literario no fuera un término muy avanzado para una anagnosia elemental.

Un día, pues, emprenderé esta obra altruista, por cualquiera de sus lados, y piadosa, desde otros puntos de vista.

Hoy apuntaré algunos de los trucos que me han parecido hallarse más a flor de ojo. Hubiera sido mi deseo citar los cuentos nacionales cuyos párrafos extracto más adelante. Otra vez será. Contentémonos por ahora con exponer tres o cuatro recetas de las más usuales y seguras, convencidos de que ellas facilitarán la práctica cómoda y casera de lo que se ha venido a llamar el más difícil de los géneros literarios.

Comenzaremos por el final. Me he convencido de que, del mismo modo que en el soneto, el cuento empieza por el fin. Nada en el mundo parecería más fácil que hallar la frase final para una historia que, precisamente, acaba de concluir. Nada, sin embargo, es más difícil.

Encontré una vez a un amigo mío, excelente cuentista, llorando, de codos sobre un cuento que no podía terminar. Faltábale solo la frase final. Pero no la veía, sollozaba, sin lograr verla así tampoco.

He observado que el llanto sirve por lo general en literatura para vivir el cuento, al modo ruso; pero no para escribirlo. Podría asegurarse a ojos cerrados que toda historia que hace sollozar a su autor al escribirla, admite matemáticamente esta frase final:

«¡Estaba muerta!»

Por no recordarla a tiempo su autor, hemos visto fracasar más de un cuento de gran fuerza. El artista muy sensible debe tener siempre listos, cómo lágrimas en la punta de su lápiz, los admirativos.

Las frases breves son indispensables para finalizar los cuentos de emoción recóndita o contenida. Una de ellas es:

«Nunca volvieron a verse.»

Puede ser más contenida aun:

«Solo ella volvió el rostro.»

Y cuando la amargura y un cierto desdén superior priman en el autor, cabe esta sencilla frase:

«Y así continuaron viviendo.»

Otra frase de espíritu semejante a la anterior, aunque más cortante de estilo:

«Fue lo que hicieron.»

Y ésta, por fin, que por demostrar gran dominio de sí e irónica suficiencia en el género, no recomendaría a los principiantes:

«El cuento concluye aquí. Lo demás, apenas si tiene importancia para los personajes.»

Esto no obstante, existe un truco para finalizar un cuento, que no es precisamente final, de gran efecto siempre y muy grato a los prosistas que escriben también en verso. Es este el truco del «leit-motiv».

Final: «Allá a lo lejos, tras el negro páramo calcinado, el fuego apagaba sus últimas llamas...».

Comienzo del cuento: «Silbando entre las pajas, el fuego invadía el campo, levantando grandes llamaradas. La criatura dormía...».

De mis muchas y prolijas observaciones, he deducido que el comienzo del cuento no es, como muchos desean creerlo, una tarea elemental. «Todo es comenzar.» Nada más cierto, pero hay que hacerlo. Para comenzar se necesita, en el noventa y nueve por ciento de los casos, saber a dónde se va. «La primera palabra de un cuento —se ha dicho— debe ya estar escrita con miras al final.»

De acuerdo con este canon, he notado que el comienzo exabrupto, como si ya el lector conociera parte de la historia que le vamos a narrar, proporciona al cuento insólito vigor. Y he notado asimismo que la iniciación con oraciones complementarias favorece grandemente estos comienzos. Un ejemplo:

«Como Elena no estaba dispuesta a concederlo, él, después de observarla fríamente, fue a coger su sombrero. Ella, por todo comentario, se encogió de hombros.»

Yo tuve siempre la impresión de que un cuento comenzado así tiene grandes posibilidades de triunfar. ¿Quién era Elena? Y él, ¿cómo se llamaba? ¿Qué cosa no le concedió Elena? ¿Qué motivos tenía él para pedírselo? ¿Y por qué observó fríamente a Elena, en vez de hacerlo furiosamente, como era lógico de esperar?

Véase todo lo que del cuento se ignora. Nadie lo sabe. Pero la atención del lector ya ha sido cogida por sorpresa, y esto constituye un desiderátum, en el arte de contar.

He anotado algunas variantes a este truco de las frases secundarias. De óptimo efecto suele ser el comienzo condicional:

«De haberla conocido a tiempo, el diputado hubiera ganado un saludo, y la reelección. Pero perdió ambas cosas.»

A semejanza del ejemplo anterior, nada sabemos de estos personajes presentados como ya conocidos nuestros, ni de quién fuera tan influyente dama a quien el diputado no reconoció. El truco del interés está, precisamente en ello.

«Como acababa de llover, el agua goteaba aún por los cristales. Y el seguir las líneas con el dedo fue la diversión mayor que desde su matrimonio hubiera tenido la recién casada.»

Nadie supone que la Luna de miel pueda mostrarse tan parca de dulzura al punto de hallarla por fin a lo largo de un vidrio en una tarde de lluvia.

De estas pequeñas diabluras está constituido el arte de contar. En un tiempo se acudió a menudo, como a un procedimiento eficacísimo, al comienzo del cuento en diálogo. Hoy el misterio del diálogo se ha desvanecido del todo. Tal vez dos o tres frases agudas arrastren todavía; pero si pasan de cuatro el lector salta enseguida. «No cansar.» Tal es, a mi modo de ver, el apotegma inicial del perfecto cuentista. El tiempo es demasiado breve en esta miserable vida para perdérselo de un modo más miserable aun.

De acuerdo con mis impresiones tomadas aquí y allá, deduzco que el truco más eficaz (o eficiente, como se dice en la Escuela Normal), se lo halla en el uso de dos viejas fórmulas abandonadas, y a las que en un tiempo, sin embargo, se entregaron con toda su buena fe los viejos cuentistas. Ellas son:

«Era una hermosa noche de primavera» y «Había una vez....»

¿Qué intriga nos anuncian estos comienzos? ¿Qué evocaciones más insípidas, a fuerza de ingenuas, que las que despiertan estas dos sencillas y calmas frases? Nada en nuestro interior se violenta con ellas. Nada prometen ni nada sugieren a nuestro instinto adivinatorio. Puédese, sin embargo, confiar en su éxito... si el resto vale. Después de meditarlo mucho, no he hallado a ambas recetas más que un inconveniente: el de despertar terriblemente la malicia de los cultores del cuento. Esta malicia profesional es la misma con que se acogería el anuncio de un hombre al que se dispusiera a revelar la belleza de una dama vulgarmente encubierta: «¡Cuidado! ¡Es hermosísima!».

Existe un truco singular, poco practicado, y, sin embargo, lleno de frescura cuando se lo usa con mala fe.

Este truco es el del lugar común. Nadie ignora lo que es en literatura el lugar común. «Pálido como la muerte» y «Dar la mano derecha por obtener algo» son dos bien característicos.

Llamamos lugar común de buena fe al que se comete arrastrado inconscientemente por el más puro sentimiento artístico; esta pureza de arte que nos lleva a loar en verso el encanto de las grietas de los ladrillos del andén de la estación del pueblecito de Cucullú, y la impresión sufrida por estos mismos ladrillos el día que la novia de nuestro amigo, a la que solo conocíamos de vista, por casualidad los pisó.

Esta es la buena fe. La mala fe se reconoce en la falta de correlación entre la frase hecha y el sentimiento o circunstancia que la inspiran.

Ponerse pálido como la muerte ante el cadáver de la novia es un lugar común. Deja de serlo cuando al ver perfectamente viva a la novia de nuestro amigo, palidecemos hasta la muerte.

«Yo insistía en quitarle el lodo de los zapatos. Ella, riendo se negaba. Y, con un breve saludo, saltó al tren, enfangada hasta el tobillo. Era la primera vez que yo la veía; no me había seducido, ni interesado, ni he vuelto más a verla. Pero lo que ella ignora es que, en aquel momento, yo hubiera dado con gusto la mano derecha por quitarle el barro de los zapatos.»

Es natural y propio de un varón perder su mano por un amor, una vida o un beso. No lo es ya tanto darla por ver de cerca los zapatos de una desconocida. Sorprende la frase fuera de su ubicación psicológica habitual; y aquí está la mala fe.

El tiempo es breve. No son pocos los trucos que quedan por examinar. Creo firmemente que si añadimos a los ya estudiados el truco de la contraposición de adjetivos, el del color local, el truco de las ciencias técnicas, el del estilista sobrio, el del folklore, y algunos más que no escapan a la malicia de los colegas, facilitarán todos ellos en gran medida la confección casera, rápida y sin fallas, de nuestros mejores cuentos nacionales...

Decálogo del perfecto cuentista

I. Cree en un maestro —Poe, Maupassant, Kipling, Chejov— como en Dios mismo.

II. Cree que su arte es una cima inaccesible. No sueñes en domarla. Cuando puedas hacerlo, lo conseguirás sin saberlo tú mismo.

III. Resiste cuanto puedas a la imitación, pero imita si el influjo es demasiado fuerte. Más que ninguna otra cosa, el desarrollo de la personalidad es una larga paciencia.

IV. Ten fe ciega no en tu capacidad para el triunfo, sino en el ardor con que lo deseas. Ama a tu arte como a tu novia, dándole todo tu corazón.

V. No empieces a escribir sin saber desde la primera palabra adónde vas. En un cuento bien logrado, las tres primeras líneas tienen casi la importancia de las tres últimas.

VI. Si quieres expresar con exactitud esta circunstancia: «Desde el río soplaba el viento frío», no hay en lengua humana más palabras que las apuntadas para expresarla.

Una vez dueño de tus palabras, no te preocupes de observar si son entre sí consonantes o asonantes.

VII. No adjetives sin necesidad. Inútiles serán cuantas colas de color adhieras a un sustantivo débil. Si hallas el que es preciso, él solo tendrá un color incomparable. Pero hay que hallarlo.

VIII. Toma a tus personajes de la mano y llévalos firmemente hasta el final, sin ver otra cosa que el camino que les trazaste. No te distraigas viendo tú lo que ellos pueden o no les importa ver. No abuses del lector. Un cuento es una novela depurada de ripios. Ten esto por una verdad absoluta, aunque no lo sea.

IX. No escribas bajo el imperio de la emoción. Déjala morir, y evócala luego. Si eres capaz entonces de revivirla tal cual fue, has llegado en arte a la mitad del camino.

X. No pienses en tus amigos al escribir, ni en la impresión que hará tu historia. Cuenta como si tu relato no tuviera interés más que para el pequeño ambiente de tus personajes, de los que pudiste haber sido uno. No de otro modo se obtiene la vida del cuento.

La gallina degollada

Todo el día, sentados en el patio en un banco, estaban los cuatro hijos idiotas del matrimonio Mazzini-Ferraz. Tenían la lengua entre los labios, los ojos estúpidos y volvían la cabeza con la boca abierta.

El patio era de tierra, cerrado al oeste por un cerco de ladrillos. El banco quedaba paralelo a él, a cinco metros, y allí se mantenían inmóviles, fijos los ojos en los ladrillos. Como el Sol se ocultaba tras el cerco, al declinar los idiotas tenían fiesta. La luz enceguecedora llamaba su atención al principio, poco a poco sus ojos se animaban; se reían al fin estrepitosamente, congestionados por la misma hilaridad ansiosa, mirando el Sol con alegría bestial, como si fuera comida.

Otras veces, alineados en el banco, zumbaban horas enteras, imitando al tranvía eléctrico.

Los ruidos fuertes sacudían asimismo su inercia, y corrían entonces, mordiéndose la lengua y mugiendo, alrededor del patio. Pero casi siempre estaban apagados en un sombrío letargo de idiotismo, y pasaban todo el día sentados en su banco, con las piernas colgantes y quietas, empapando de glutinosa saliva el pantalón.

El mayor tenía doce años, y el menor ocho. En todo su aspecto sucio y desvalido se notaba la falta absoluta de un poco de cuidado maternal.

Esos cuatro idiotas, sin embargo, habían sido un día el encanto de sus padres. A los tres meses de casados, Mazzini y Berta orientaron su estrecho amor de marido y mujer, y mujer y marido, hacia un porvenir mucho más vital: un hijo: ¿Qué mayor dicha para dos enamorados que esa honrada consagración de su cariño, libertado ya del vil egoísmo de un mutuo amor sin fin ninguno y, lo que es peor para el amor mismo, sin esperanzas posibles de renovación?

Así lo sintieron Mazzini y Berta, y cuando el hijo llegó, a los catorce meses de matrimonio, creyeron cumplida su felicidad. La criatura creció bella y radiante, hasta que tuvo año y medio. Pero en el vigésimo mes sacudiéronlo una noche convulsiones terribles, y a la mañana siguiente no conocía más a sus padres. El médico lo examinó con esa atención profesional que está visiblemente buscando las causas del mal en las enfermedades de los padres.

Después de algunos días los miembros paralizados recobraron el movimiento; pero la inteligencia, el alma, aun el instinto, se habían ido del todo; había quedado profundamente idiota, baboso, colgante, muerto para siempre sobre las rodillas de su madre.

—¡Hijo, mi hijo querido! —sollozaba ésta, sobre aquella espantosa ruina de su primogénito.

El padre, desolado, acompañó al médico afuera.

—A usted se le puede decir; creo que es un caso perdido. Podrá mejorar, educarse en todo lo que le permita su idiotismo, pero no más allá.

—¡Sí!... ¡Sí! —asentía Mazzini—. Pero dígame: ¿Usted cree que es herencia, que?...

—En cuanto a la herencia paterna, ya le dije lo que creía cuando vi a su hijo. Respecto a la madre, hay allí un pulmón que no sopla bien. No veo nada más, pero hay un soplo un poco rudo. Hágala examinar bien.

Con el alma destrozada de remordimiento, Mazzini redobló el amor a su hijo, el pequeño idiota que pagaba los excesos del abuelo. Tuvo asimismo que consolar, sostener sin tregua a Berta, herida en lo más profundo por aquel fracaso de su joven maternidad.

Como es natural, el matrimonio puso todo su amor en la esperanza de otro hijo. Nació éste, y su salud y limpidez de risa reencendieron el porvenir extinguido. Pero a los dieciocho meses las convulsiones del primogénito se repetían, y al día siguiente amanecía idiota.

Esta vez los padres cayeron en honda desesperación. ¡Luego su sangre, su amor estaban malditos! ¡Su amor, sobre todo! Veintiocho años él, veintidós ella, y toda su apasionada ternura no alcanzaba a crear un átomo de vida normal. Ya no pedían más belleza e inteligencia como en el primogénito; ¡pero un hijo, un hijo como todos!

Del nuevo desastre brotaron nuevas llamaradas del dolorido amor, un loco anhelo de redimir de una vez para siempre la santidad de su ternura. Sobrevinieron mellizos, y punto por punto repitióse el proceso de los dos mayores.

Mas, por encima de su inmensa amargura, quedaba a Mazzini y Berta gran compasión por sus cuatro hijos. Hubo que arrancar del limbo de la más honda animalidad, no ya sus almas, sino el instinto mismo abolido. No sabían deglutir, cambiar de sitio, ni aun sentarse. Aprendieron al fin a caminar, pero chocaban contra todo, por no darse cuenta de los obstáculos.

Cuando los lavaban mugían hasta inyectarse de sangre el rostro. Animábanse solo al comer, o cuando veían colores brillantes u oían truenos. Se reían entonces, echando afuera lengua y ríos de baba, radiantes de frenesí bestial. Tenían, en cambio, cierta facultad imitativa; pero no se pudo obtener nada más. Con los mellizos pareció haber concluido la aterradora descendencia.

Pero pasados tres años desearon de nuevo ardientemente otro hijo, confiando en que el largo tiempo transcurrido hubiera aplacado a la fatalidad.

No satisfacían sus esperanzas. Y en ese ardiente anhelo que se exasperaba, en razón de su infructuosidad, se agriaron. Hasta ese momento cada cual había tomado sobre sí la parte que le correspondía en la miseria de sus hijos; pero la desesperanza de redención ante las cuatro bestias que habían nacido de ellos, echó afuera esa imperiosa necesidad de culpar a los otros, que es patrimonio específico de los corazones inferiores.

Iniciáronse con el cambio de pronombre: tus hijos. Y como a más del insulto había la insidia, la atmósfera se cargaba.

—Me parece —díjole una noche Mazzini, que acababa de entrar y se lavaba las manos— que podrías tener más limpios a los muchachos.

Berta continuó leyendo como si no hubiera oído.

—Es la primera vez —repuso al rato— que te veo inquietarte por el estado de tus hijos.

Mazzini volvió un poco la cara a ella con una sonrisa forzada:

—De nuestros hijos, ¿me parece?

—Bueno; de nuestros hijos. ¿Te gusta así? —alzó ella los ojos.

Esta vez Mazzini se expresó claramente:

—¿Creo que no vas a decir que yo tenga la culpa, no?

—¡Ah, no! —se sonrió Berta, muy pálida— ¡pero yo tampoco, supongo!... ¡No faltaba más!... —murmuró.

—¿Qué, no faltaba más?

—¡Que si alguien tiene la culpa, no soy yo, entiéndelo bien! Eso es lo que te quería decir.

Su marido la miró un momento, con brutal deseo de insultarla.

—¡Dejemos! —articuló, secándose por fin las manos.

—Como quieras; pero si quieres decir...

—¡Berta!

—¡Como quieras!

Este fue el primer choque y le sucedieron otros. Pero en las inevitables reconciliaciones, sus almas se unían con doble arrebato y locura por otro hijo.

Nació así una niña. Vivieron dos años con la angustia a flor de alma, esperando siempre otro desastre. Nada acaeció, sin embargo, y los padres pusieron en ella toda su complacencia, que la pequeña llevaba a los más extremos límites del mimo y la mala crianza.

Si aún en los últimos tiempos Berta cuidaba siempre de sus hijos, al nacer Bertita olvidóse casi del todo de los otros. Su solo recuerdo la horrorizaba, como algo atroz que la hubieran obligado a cometer. A Mazzini, bien que en menor grado, pasábale lo mismo.

No por eso la paz había llegado a sus almas. La menor indisposición de su hija echaba ahora afuera, con el terror de perderla, los rencores de su descendencia podrida. Habían acumulado hiel sobrado tiempo para que el vaso no quedara distendido, y al menor contacto el veneno se vertía afuera. Desde el primer disgusto emponzoñado habíanse perdido el respeto; y si hay algo a que el hombre se siente arrastrado con cruel fruición, es, cuando ya se comenzó, a humillar del todo a una persona. Antes se contenían por la mutua falta de éxito; ahora que éste había llegado, cada cual, atribuyéndolo a sí mismo, sentía mayor la infamia de los cuatro engendros que el otro habíale forzado a crear.

Con estos sentimientos, no hubo ya para los cuatro hijos mayores afecto posible. La sirvienta los vestía, les daba de comer, los acostaba, con visible brutalidad. No los lavaban casi nunca. Pasaban casi todo el día sentados frente al cerco, abandonados de toda remota caricia.

De este modo Bertita cumplió cuatro años, y esa noche, resultado de las golosinas que era a los padres absolutamente imposible negarle, la criatura tuvo algún escalofrío y fiebre. Y el temor a verla morir o quedar idiota, tornó a reabrir la eterna llaga.

Hacía tres horas que no hablaban, y el motivo fue, como casi siempre, los fuertes pasos de Mazzini.

—¡Mi Dios! ¿No puedes caminar más despacio? ¿Cuántas veces?...

—Bueno, es que me olvido; ¡se acabó! No lo hago a propósito.

Ella se sonrió, desdeñosa:

—¡No, no te creo tanto!

—Ni yo, jamás, te hubiera creído tanto a ti... ¡tisiquilla!

—¡Qué! ¿Qué dijiste?...

—¡Nada!

—¡Sí, te oí algo! Mira: ¡no sé lo que dijiste; pero te juro que prefiero cualquier cosa a tener un padre como el que has tenido tú!

Mazzini se puso pálido.

—¡Al fin! —murmuró con los dientes apretados—. ¡Al fin, víbora, has dicho lo que querías!

—¡Sí, víbora, sí! Pero yo he tenido padres sanos, ¿oyes?, ¡sanos! ¡Mi padre no ha muerto de delirio! ¡Yo hubiera tenido hijos como los de todo el mundo! ¡Esos son hijos tuyos, los cuatro tuyos!

Mazzini explotó a su vez.

—¡Víbora tísica! ¡eso es lo que te dije, lo que te quiero decir! ¡Pregúntale, pregúntale al médico quién tiene la mayor culpa de la meningitis de tus hijos: mi padre o tu pulmón picado, víbora!

Continuaron cada vez con mayor violencia, hasta que un gemido de Bertita selló instantáneamente sus bocas. A la una de la mañana la ligera indigestión había desaparecido, y como pasa fatalmente con todos los matrimonios jóvenes que se han amado intensamente una vez siquiera, la reconciliación llegó, tanto más efusiva cuanto hirientes fueran los agravios.

Amaneció un espléndido día, y mientras Berta se levantaba escupió sangre. Las emociones y mala noche pasada tenían, sin duda, gran culpa. Mazzini la retuvo abrazada largo rato, y ella lloró desesperadamente, pero sin que ninguno se atreviera a decir una palabra.

A las diez decidieron salir, después de almorzar. Como apenas tenían tiempo, ordenaron a la sirvienta que matara una gallina.

El día radiante había arrancado a los idiotas de su banco. De modo que mientras la sirvienta degollaba en la cocina al animal, desangrándolo con parsimonia (Berta había aprendido de su madre este buen modo de conservar frescura a la carne), creyó sentir algo como respiración tras ella. Volvióse, y vio a los cuatro idiotas, con los hombros pegados uno a otro, mirando estupefactos la operación... Rojo... rojo...

—¡Señora! Los niños están aquí, en la cocina.

Berta llegó; no quería que jamás pisaran allí. ¡Y ni aun en esas horas de pleno perdón, olvido y felicidad reconquistada, podía evitarse esa horrible visión! Porque, naturalmente, cuando más intensos eran los raptos de amor a su marido e hija, más irritado era su humor con los monstruos.

—¡Que salgan, María! ¡Échelos! ¡Échelos, le digo!

Las cuatro pobres bestias, sacudidas, brutalmente empujadas, fueron a dar a su banco.

Después de almorzar, salieron todos. La sirvienta fue a Buenos Aires, y el matrimonio a pasear por las quintas. Al bajar el Sol volvieron; pero Berta quiso saludar un momento a sus vecinas de enfrente. Su hija escapóse enseguida a casa.

Entretanto los idiotas no se habían movido en todo el día de su banco. El Sol había traspuesto ya el cerco, comenzaba a hundirse, y ellos continuaban mirando los ladrillos, más inertes que nunca.

De pronto, algo se interpuso entre su mirada y el cerco. Su hermana, cansada de cinco horas paternales, quería observar por su cuenta. Detenida al pie del cerco, miraba pensativa la cresta. Quería trepar, eso no ofrecía duda. Al fin decidióse por una silla desfondada, pero faltaba aún. Recurrió entonces a un cajón de kerosene, y su instinto topográfico hízole colocar vertical el mueble, con lo cual triunfó.

Los cuatro idiotas, la mirada indiferente, vieron cómo su hermana lograba pacientemente dominar el equilibrio, y cómo en puntas de pie apoyaba la garganta sobre la cresta del cerco, entre sus manos tirantes. Viéronla mirar a todos lados, y buscar apoyo con el pie para alzarse más.

Pero la mirada de los idiotas se había animado; una misma luz insistente estaba fija en sus pupilas. No apartaban los ojos de su hermana, mientras creciente sensación de gula bestial iba cambiando cada línea de sus rostros. Lentamente avanzaron hacia el cerco. La pequeña, que habiendo logrado calzar el pie, iba ya a montar a horcajadas y a caerse del otro lado, seguramente, sintióse cogida de la pierna. Debajo de ella, los ocho ojos clavados en los suyos le dieron miedo.

—¡Soltáme! ¡Déjame! —gritó sacudiendo la pierna. Pero fue atraída.

—¡Mamá! ¡Ay, mamá! ¡Mamá, papá! —lloró imperiosamente. Trató aún de sujetarse del borde, pero sintióse arrancada y cayó.

—Mamá, ¡ay! Ma... —no pudo gritar más. Uno de ellos le apretó el cuello, apartando los bucles como si fueran plumas, y los otros la arrastraron de una sola pierna hasta la cocina, donde esa mañana se había desangrado a la gallina, bien sujeta, arrancándole la vida segundo por segundo.

Mazzini, en la casa de enfrente, creyó oír la voz de su hija.

—Me parece que te llama —le dijo a Berta.

Prestaron oído, inquietos, pero no oyeron más. Con todo, un momento después se despidieron, y mientras Bertita a dejar su sombrero, Mazzini avanzó en el patio.

—¡Bertita!

Nadie respondió.

—¡Bertita! —alzó más la voz, ya alterada.

Y el silencio fue tan fúnebre para su corazón siempre aterrado, que la espalda se le heló de horrible presentimiento.

—¡Mi hija, mi hija! —corrió ya desesperado hacia el fondo. Pero al pasar frente a la cocina vio en el piso un mar de sangre. Empujó violentamente la puerta entornada, y lanzó un grito de horror.

Berta, que ya se había lanzado corriendo a su vez al oír el angustioso llamado del padre, oyó el grito y respondió con otro. Pero al precipitarse en la cocina, Mazzini, lívido como la muerte, se interpuso, conteniéndola:

—¡No entres! ¡No entres!

Berta alcanzó a ver el piso inundado de sangre. Solo pudo echar sus brazos sobre la cabeza y hundirse a lo largo de él con un ronco suspiro.

El hombre muerto

El hombre y su machete acababan de limpiar la quinta calle del bananal. Faltábanles aún dos calles; pero como en éstas abundaban las chircas y malvas silvestres, la tarea que tenían por delante era muy poca cosa. El hombre echó, en consecuencia, una mirada satisfecha a los arbustos rozados y cruzó el alambrado para tenderse un rato en la gramilla.

Mas al bajar el alambre de púa y pasar el cuerpo, su pie izquierdo resbaló sobre un trozo de corteza desprendida del poste, a tiempo que el machete se le escapaba de la mano. Mientras caía, el hombre tuvo la impresión sumamente lejana de no ver el machete de plano en el suelo.

Ya estaba tendido en la gramilla, acostado sobre el lado derecho, tal como él quería. La boca, que acababa de abrírsele en toda su extensión, acababa también de cerrarse. Estaba como hubiera deseado estar, las rodillas dobladas y la mano izquierda sobre el pecho. Solo que tras el antebrazo, e inmediatamente por debajo del cinto, surgían de su camisa el puño y la mitad de la hoja del machete, pero el resto no se veía.

El hombre intentó mover la cabeza en vano. Echó una mirada de reojo a la empuñadura del machete, húmeda aún del sudor de su mano. Apreció mentalmente la extensión y la trayectoria del machete dentro de su vientre, y adquirió fría, matemática e inexorable, la seguridad de que acababa de llegar al término de su existencia.

La muerte. En el transcurso de la vida se piensa muchas veces en que un día, tras años, meses, semanas y días preparatorios, llegaremos a nuestro turno al umbral de la muerte. Es la ley fatal, aceptada y prevista; tanto, que solemos dejarnos llevar placenteramente por la imaginación a ese momento, supremo entre todos, en que lanzamos el último suspiro.

Pero entre el instante actual y esa postrera expiración, ¡qué de sueños, trastornos, esperanzas y dramas presumimos en nuestra vida! ¡Qué nos reserva aún esta existencia llena de vigor, antes de su eliminación del escenario humano!

Es éste el consuelo, el placer y la razón de nuestras divagaciones mortuorias: ¡Tan lejos está la muerte, y tan imprevisto lo que debemos vivir aún!

¿Aún...? No han pasado dos segundos: el Sol está exactamente a la misma altura; las sombras no han avanzado un milímetro. Bruscamente, acaban de resolverse para el hombre tendido las divagaciones a largo plazo: Se está muriendo.

Muerto. Puede considerarse muerto en su cómoda postura.

Pero el hombre abre los ojos y mira. ¿Qué tiempo ha pasado? ¿Qué cataclismo ha sobrevivido en el mundo? ¿Qué trastorno de la naturaleza trasuda el horrible acontecimiento?

Va a morir. Fría, fatal e ineludiblemente, va a morir.

El hambre resiste —¡es tan imprevisto ese horror!— y piensa: Es una pesadilla; ¡esto es! ¿Qué ha cambiado? Nada. Y mira: ¿No es acaso ese bananal? ¿No viene todas las mañanas a limpiarlo? ¿Quién lo conoce como él? Ve perfectamente el bananal, muy raleado, y las anchas hojas desnudas al Sol. Allí están, muy cerca, deshilachadas por el viento. Pero ahora no se mueven... Es la calma del mediodía; pero deben ser las doce.

Por entre los bananos, allá arriba, el hombre ve desde el duro suelo el techo rojo de su casa.

A la izquierda entrevé el monte y la capuera de canelas. No alcanza a ver más, pero sabe muy bien que a sus espaldas está el camino al puerto nuevo; y que en la dirección de su cabeza, allá abajo, yace en el fondo del valle el Paraná dormido como un lago. Todo, todo exactamente como siempre; el Sol de fuego, el aire vibrante y solitario, los bananos inmóviles, el alambrado de postes muy gruesos y altos que pronto tendrá que cambiar...

¡Muerto! ¿Pero es posible? ¿No es éste uno de los tantos días en que ha salido al amanecer de su casa con el machete en la mano? ¿No está allí mismo con el machete en la mano?

¿No está allí mismo, a cuatro metros de él, su caballo, su malacara, oliendo parsimoniosamente el alambre de púa?

¡Pero sí! Alguien silba. No puede ver, porque está de espaldas al camino; mas siente resonar en el puentecito los pasos del caballo... Es el muchacho que pasa todas las mañanas hacia el puerto nuevo, a las once y media. Y siempre silbando... Desde el poste descascarado que toca casi con las botas, hasta el cerco vivo de monte que separa el bananal del camino, hay quince metros largos. Lo sabe perfectamente bien, porque él mismo, al levantar el alambrado, midió la distancia.

¿Qué pasa, entonces? ¿Es ése o no un natural mediodía de los tantos en Misiones, en su monte, en su potrero, en el bananal ralo? ¡Sin duda! Gramilla corta, conos de hormigas, silencio, Sol a plomo...

Nada, nada ha cambiado. Solo él es distinto. Desde hace dos minutos su persona, su personalidad viviente, nada tiene ya que ver ni con el potrero, que formó él mismo a azada, durante cinco meses consecutivos, ni con el bananal, obras de sus solas manos. Ni con su familia.

Ha sido arrancado bruscamente, naturalmente, por obra de una cáscara lustrosa y un machete en el vientre. Hace dos minutos: Se muere.

El hombre muy fatigado y tendido en la gramilla sobre el costado derecho, se resiste siempre a admitir un fenómeno de esa trascendencia, ante el aspecto normal y monótono de cuanto mira. Sabe bien la hora: las once y media... El muchacho de todos los días acaba de pasar el puente.

¡Pero no es posible que haya resbalado...! El mango de su machete (pronto deberá cambiarlo por otro; tiene ya poco vuelo) estaba perfectamente oprimido entre su mano izquierda y el alambre de púa. Tras diez años de bosque, él sabe muy bien cómo se maneja un machete de monte. Está solamente muy fatigado del trabajo de esa mañana, y descansa un rato como de costumbre.

¿La prueba...? ¡Pero esa gramilla que entra ahora por la comisura de su boca la plantó él mismo en panes de tierra distantes un metro uno de otro! ¡Ya ése es su bananal; y ése es su malacara, resoplando cauteloso ante las púas del alambre! Lo ve perfectamente; sabe que no se atreve a doblar la esquina del alambrado, porque él está echado casi al pie del poste.

Lo distingue muy bien; y ve los hilos oscuros de sudor que arrancan de la cruz y del anca.

El Sol cae a plomo, y la calma es muy grande, pues ni un fleco de los bananos se mueve.

Todos los días, como ése, ha visto las mismas cosas.

...Muy fatigado, pero descansa solo. Deben de haber pasado ya varios minutos... Y a las doce menos cuarto, desde allá arriba, desde el chalet de techo rojo, se desprenderán hacia el bananal su mujer y sus dos hijos, a buscarlo para almorzar. Oye siempre, antes que las demás, la voz de su chico menor que quiere soltarse de la mano de su madre: ¡Piapiá! ¡Piapiá!

¿No es eso...? ¡Claro, oye! Ya es la hora. Oye efectivamente la voz de su hijo...

¡Qué pesadilla...! ¡Pero es uno de los tantos días, trivial como todos, claro está! Luz excesiva, sombras amarillentas, calor silencioso de horno sobre la carne, que hace sudar al malacara inmóvil ante el bananal prohibido.

...Muy cansado, mucho, pero nada más. ¡Cuántas veces, a mediodía como ahora, ha cruzado volviendo a casa ese potrero, que era capuera cuando él llegó, y antes había sido monte virgen! Volvía entonces, muy fatigado también, con su machete pendiente de la mano izquierda, a lentos pasos.

Puede aún alejarse con la mente, si quiere; puede si quiere abandonar un instante su cuerpo y ver desde el tejamar por él construido, el trivial paisaje de siempre: el pedregullo volcánico con gramas rígidas; el bananal y su arena roja: el alambrado empequeñecido en la pendiente, que se acoda hacia el camino. Y más lejos aún ver el potrero, obra sola de sus manos.

Y al pie de un poste descascarado, echado sobre el costado derecho y las piernas recogidas, exactamente como todos los días, puede verse a él mismo, como un pequeño bulto asoleado sobre la gramilla —descansando, porque está muy cansado.

Pero el caballo rayado de sudor, e inmóvil de cautela ante el esquinado del alambrado, ve también al hombre en el suelo y no se atreve a costear el bananal como desearía. Ante las voces que ya están próximas —¡Piapiá!— vuelve un largo, largo rato las orejas inmóviles al bulto: y tranquilizado al fin, se decide a pasar entre el poste y el hombre tendido que ya ha descansado.

Una historia inmoral

—Les aseguro que la cosa es verdad, o por lo menos me la juraron. ¿Qué interés iba a tener en contarla? Es grave, sin duda; pero al lado de aquella chica de cuatro años que se clavó tranquilamente un cuchillo de cocina en el vientre, porque estaba cansada de vivir, el viejo de mi historia no vale nada.

—Eh, ¿qué? ¿Una criatura? —gritó la señora de Canning.

—¡Qué horror! —declamó Elena, volviéndose de golpe—. ¿Dónde fue, dónde?

El joven médico levantó la cabeza, nada sorprendido. Todos lo miramos, pues su presencia era más que específica tratándose de tales cosas.

—¿Usted cree, doctor? —titubeó la madre. El éxito de mi cuento dependía de lo que él dijera. Por ventura se encogió de hombros, con una leve sonrisa:

—¡Es tan natural! —dijo, condescendiendo con nosotros.

—¡Pero cuatro años! —insistió, dolida en el fondo de su alma, la gruesa señora—. ¡Ángel de Dios! ¡Y en el vientre, qué horror! Eh, Elena, ¿viste? ¡En el vientre!

—¡Sí, mamá, basta! —clamó aquella, achuchada, cruzándose el saco sobre el vientre, lleno ya de entrañable frío. Como era graciosa, quedó muy mona con su gesto de infantil defensa.

Tuve que contar enseguida qué era eso de la criatura. Efectivamente, el caso había pasado meses antes en el Salto Oriental. Se trataba de una criatura que vivía con su abuela en los alrededores.

La pequeña era inteligente y callada —demasiado para su edad—. Ya la abuela había contado a los vecinos que no le gustaba el excesivo juicio de su nieta: «¡No tiene más que cuatro años! Preferiría tener que pegarle por alocada». Una mañana, mientras comían, la abuela se levantó a ver quién llamaba, y cuando volvió halló a su nieta de pie, apretándose las manos sobre el vientre. Enseguida vio en el suelo el cuchillo de cocina ensangrentado. Corrió desesperada, le apartó las manos y los intestinos cayeron. A las ocho del otro día vivía aún, pero no quería hablar. La noche anterior había respondido que estaba cansada de vivir; fue lo único que se pudo obtener de ella. No se había quejado un solo momento. Estaba perfectamente tranquila. No tenía fiebre ninguna. A las diez se volvió a la pared y poco después murió.

Esto fue lo que conté.

—Ya ven ustedes —concluí— que la historia es un poco más extraña que la del viejo. Siento no haber conocido a la chica esa. ¡Qué curiosa madera! Indudablemente si alguna vez hubo en el mundo una persona que creyó estar de más, esa es mi chiquilina. Se acabó.

—¡Sí, se acabó, ya lo vemos! —me reprendió la madre. Su tierno corazón estaba alterado—. Y pensar... Y ustedes, doctor, ¡cómo no ven ustedes esas cosas!

—¡Qué hacer!...

—¡Pero ustedes saben eso!

—¿Qué cosa?

Lo miró sorprendida, como si no se le hubiera ocurrido que podrían preguntarle qué era justa y concretamente lo que ella pensaba. Al fin extendió los dos brazos demostrativos:

—¡Pero eso, esa criatura!

—Sí, señora, sabemos eso, pero no podemos impedir que haya cuatro degenerados como esa personita. ¿Se acuerda usted de lo que le conté hoy en la mesa? Es lo mismo. Aquí indudablemente se trata de algo más, quién sabe qué herencia sobrecargada. Sobre todo esa insensibilidad al dolor... en fin, estamos llenos de estas cosas.

Nuestra respetable amiga siguió atentamente la vaga disquisición científica. No entendió una palabra, eso no tiene duda; pero su alma respetuosa de todo lo profundo comprendió a su modo, y se hubiera tirado al agua con los ojos cerrados en apoyo de lo que afirmaba el joven y estudioso sabio.

Nos callamos un momento. La noche estaba oscura, y sobre el agua invisible iba marchando el vapor Tritón, con el golpear sordo y precipitado de sus palas. El río picado hamacaba pesadamente al buque. De cuando en cuando, una ola corría desde proa a romperse en las aletas, con un chasquido silbante que estremecía a la borda en que estaba recostada Elena.

Ésta se volvió a mí:

—¿No sabe más?

—Nada más; apenas eso.

—¡Es bastante, ya lo creo! —ratificó la madre—. No es invento suyo, ¿verdad? Ah, no me acordaba de que el doctor dijo que eso pasa... Sí, sí, no dé las gracias, podría haberlo inventado. ¡Pobre criatura! Y sin embargo, ¡no sé qué! Sufro mucho, y me gusta oír. ¡Hay tantas cosas que una no sabe! Usted conocerá muchos casos, ¿no doctor? —se dirigió a éste—. ¡Pero no se deben poder oír, sus casos!

—¡No tanto! Algunos sí, bastantes. Pero no veo qué interés pueda tener eso. Para nosotros, todavía, porque estamos dentro de todo... Y aun así... —se llevó la mano a la barba y recostó la cabeza en el sillón, en su alta indiferencia mental por nosotros.

—¿Y usted señor? —se volvió la madre a Broqua.

Este Broqua formaba parte del grupo en que nos habíamos unido desde la noche anterior, por simples razones de mayor o menor cultura. Para la charla anecdótica y sentimental de todo viaje, no era menester un mutuo aprecio excesivo, y estábamos contentos.

Broqua era un muchacho de cara tosca, que hablaba muy poco. Como parecía carecer de galante malicia y de sentimiento artístico sobre los paisajes aclamados minuto a minuto, había despertado ya vaga idea de ridículo en madre e hija.

Esa noche antes de salir afuera, Elena había tocado el piano en el salón. Broqua, que estaba a su lado, no apartó un momento los ojos de las manos de Elena, indiscreción que la tenía muy nerviosa. Tocaba con gusto, pero la insistencia de ese caballero, que muy bien podía ser un maestro, le pareció un poco grosera. Cuando concluyó la felicitamos efusivamente, pero no quiso continuar. No había quien lo hiciera.

—¿Y usted señor, no toca el piano? —se volvió a Broqua.

—No, señorita.

—¡Pero sabe música!...

—Tampoco, absolutamente nada.

Esta vez Elena lo miró con extrañeza bastante chocante.

—Como miraba tanto lo que yo hacía...

—No, admiraba la agilidad. Me parece muy difícil eso —respondió naturalmente.

Elena y la madre cruzaron una rápida mirada. El joven sabio, a su vez, lo miró sorprendido. De esa ingenuidad a la zoncera no había más que un paso, y el médico, en comienzo de flirt con Elena, cambió con madre e hija una sonrisa de festiva solidaridad sobre el sujeto. Elena hizo una escala corriendo el busto sobre las teclas y se levantó. Como no hacía frío fuimos a popa.

Al sentirse interpelado sobre las historias, Broqua respondió:

—Sí, señora, sé una, pero es un poco fuerte.

Otra vez cruzó el terceto una fugitiva mirada entre sí. Elena, no obstante, al oír un poco fuerte, creyó deber ponerse enseguida seria.

—Muchas gracias, señor —respondió desdeñosamente la madre, volviendo apenas la cabeza a Broqua.

—No, se puede oír, solamente que el asunto no es común y asusta un poco.

—Veamos, señor: ¿se puede oír o no?

—Creo que sí, por lo menos una señora.

¿Qué curiosidad no se despierta? Apenas entablado el diálogo. Elena se había apresurado a charlar con el médico, como para establecer bien claro que ella no podía oír lo que tampoco debía.

—¡Elena!

—¿Mamá? —se volvió aquella, muy extrañada.

—Tráeme la peineta grande del neceser, a la izquierda. El viento me ha despeinado horriblemente. ¡No revuelvas, por Dios!

Posiblemente Elena tuvo deseos de hallar un poco tardía la necesidad de la peineta; pero al verse observada por la mirada curiosa de Broqua y de mí, se resignó a no oír aquello, virginalmente ajena al motivo de su destierro.

Broqua la siguió con los ojos. Cuando desapareció comenzó:

—La historia es corta y sobre todo rara. Tal vez...

—Que no sea de criaturas, señor —interrumpió la señora—, porque me aflijo mucho. No sé qué me da verlas sufrir así. No lo puedo remediar, siento una compasión que lloraría. A mi edad, ¿verdad...? Y es así. La vez pasada oí contar que un hombre de la vía del tren —guardabarreras, no sé...— había dejado que el tren destrozara a su hija, que estaba jugando sobre la vía, para evitar una catástrofe. No tenía más que mover un poquito la barra de cambiar, ¡y el tren hubiera tomado otro camino, chocando con otro! ¡Dejar, matar a su propia hija, qué horror! Estuve dos días pensando en eso. ¡Qué abnegación, mi Dios! ¡No puedo, absolutamente no puedo! ¿El suyo es así?

—No señora, es muy distinto. En dos palabras: cuando yo era médico de una sociedad...

Hubiera sido imposible que siguiera. La señora abrió desmesuradamente los ojos

—¿Pero usted es médico, señor?

—Sí, señora.

—Pero no sabíamos —repuso, mirándonos al joven sicólogo y a mí en su apoyo.

—Es lo mismo —respondió Broqua, mirándola a su vez con una sonrisa que hubiera sido de la más ridícula ironía, si no fuera de la más indiferente naturalidad.

Su eminente colega le lanzó una fría y rápida mirada escudriñadora. Entonces intervine.

—Ahora cambia de aspecto, señora. Por arriesgado que sea el caso, tendrá forzosamente otro carácter por ser un médico quien lo cuenta y lo podría oír hasta una criatura. Usted sabe bien que en las grandes ciudades las señoras van a los institutos científicos a escuchar cosas que no oirían en otra parte, sin gritar. La ciencia, señora. Tal vez sería bueno el llamar a la señorita Elena... —agregué con la más hipócrita gravedad que pude, mirando hacia los corredores.

—No se incomode, señor —me cortó seca y dignamente—. Yo puedo oír porque soy vieja ya... ¡sí, señor, vieja! y desgraciadamente la experiencia nos hace ver cosas más crueles que las que podría contar el señor... el doctor. ¡Es cierto, vemos muchas cosas horribles, pero nos enseñan a compadecer a los desgraciados de esta vida y a tolerar tantas cosas!

Era, sin duda, un gran corazón la gruesa dama. Elena no volvía, lo que probaba su también vieja experiencia de esos destierros. Como, ya estábamos en paz, Broqua reanudó su relato.

—Cuando yo era médico de una sociedad, aquella me mandó una vez al consultorio una mujer humilde, joven aún, pero muy quebrantada. Al cabo de dos minutos perdidos en evasivas por su temor de tocar el tema, me contó que tenía un hijo que sufría de una enfermedad extraña. Paso por encima su manera de decir; no quería precisar nada. Instada por supe al fin que su hijo, de veinte años, odiaba a las mujeres, pero se desvivía por los vestidos. Desde chico era así. Parece que a los nueve años estuvo colocado en un taller de modistas y allí comenzó su perversión. Tampoco había sido nunca un muchacho viril, sino todo lo contrario. Tenía una colección de muñecas que vestía y desvestía. Él mismo se vestía de mujer. Recortaba las siluetas femeninas que veía en los diarios y se quedaba horas perdidas mirándolas. A las mujeres las odiaba; le daban asco, es la palabra. Economizaba todo lo que podía para comprar trajes de mujeres delgadas, bien cortados. Si el dinero no le alcanzaba, compraba solo una pollera. Se acostaba con ellos, y demás está decir las emociones que sentiría. Completamente, señora.

La madre no sabía qué hacer. Era una pobre mujer tímida, que había sido muy desgraciada con su marido. Lo que le espantaba más en su hijo era que su padre había sido lo mismo. Muy joven aún, y llevando una vida sobrado libre, había sido solicitada para que tratara de que el desgraciado ser en cuestión, después su marido, cobrara gusto con ella a los placeres reales del amor; así cambiaría. Efectivamente, eso pasó, y la pobre muchacha concluyó por enamorarse y se casaron. Al principio todo fue bien; pero a los pocos años volvió a su manía, complicada con accesos de idiotez y furias horribles. No había día en que no la pateara. Este calvario duró un año, al cabo del cual quedó loco.

La pobre mujer, que había llevado Dios sabe qué vida con su marido, se desesperó cuando notó que en su hijo se reproducían las mismas cosas del padre. Hasta la adolescencia tuvo esperanzas, pero se resignó a perderlas. Ya no sabía qué hacer.

Le aconsejé lo único posible: que su hijo tuviera relaciones con mujeres. Movió un rato la cabeza, triste y desconsolada.

—Ya lo pensé —me respondió—, pero no quiere...

Como yo insistiera, me contó —y esto es lo que yo llamo abnegación, señora, grandeza y comprensión del amor más grandes que todas las honradeces—, me contó que una noche, desesperada de angustia al ver que su hijo acababa de tener el primer ataque de idiotez, se esforzó en que aquel se olvidara de que ella era su madre. Más bien, hizo todo lo posible. Un momento, señora. La pobre mujer no se daba cuenta de toda la sobrehumana compasión que significaba eso. Estaba muerta de dolor, y no quería por nada que su hijo fuera lo que había sido el padre. Otro momento, señora, y acabo. Tampoco había sutilizado su acción, ni había gestos de sacrificio. Estaba ahogada de ternura y lástima por su pobre hijo, y no había visto nada más. Esto es todo.

Nuestra respetable amiga, que durante la historia de Broqua había intentado varias veces interrumpirlo, resignose al fin a oír todo, ofreciéndose a sí misma, hinchando el cuello indignado, el sacrificio de su dignidad. Al concluir Broqua, se levantó lentamente y lo midió de abajo a arriba.

—¡Pero eso es inmundo! —explotó con un asco que salía del fondo de su gordo corazón.

—Eso es exactamente lo que dijeron las señoras de la Beneficencia, cuando supieron el caso —observó Broqua inclinándose—. Perdóneme, señora. Comprendo muy bien que le cause mala impresión, pero ya ve que hubiera sido imposible que la señorita Elena oyera esto.

La dama dio vuelta la cabeza a medias y lo midió de arriba a abajo esta vez:

—¡No faltaba más, señor! —y se fue, con el busto dignamente arqueado adelante.

El eminente sicólogo continuó con nosotros media hora aún, sin hablar una palabra. Tuvo veleidades de decir algo, sin duda, en defensa de sus amigas ofendidas; pero el manifiesto espíritu agresivo de Broqua, al contar esa historia, contuvo su gentil paladinismo, indigno, además —por las violencias posibles— de un cerebro superior. Se fue y quedamos solos hasta la una de la mañana. Broqua se consideraba suficientemente vengado y estaba tranquilo. Indudablemente, se dejó llevar un poco y yo también. Pero ¡qué diablos!...

A la mañana siguiente, muy temprano, desembarcaron madre e hija. Broqua y yo estábamos recostados de codos en la borda, tomando el Sol. La madre nos vio enseguida, pero apretó los labios, con un rápido tirón a la manga de Elena para que evitara vernos. No obstante, al alejarse por fin por el muelle, Elena dirigió a Broqua una fugitiva mirada de curiosidad. Me pareció por su expresión —Dios me perdone— que le habían contado la historia.

El desierto

La canoa se deslizaba costeando el bosque, o lo que podía parecer bosque en aquella oscuridad. Más por instinto que por indicio alguno Subercasaux sentía su proximidad, pues las tinieblas eran un solo bloque infranqueable, que comenzaban en las manos del remero y subían hasta el cenit. El hombre conocía bastante bien su río, para no ignorar dónde se hallaba; pero en tal noche y bajo amenaza de lluvia, era muy distinto atracar entre tacuaras punzantes o pajonales podridos, que en su propio puertito. Y Subercasaux no iba solo en la canoa.

La atmósfera estaba cargada a un grado asfixiante. En lado alguno a que se volviera el rostro, se hallaba un poco de aire que respirar. Y en ese momento, claras y distintas, sonaban en la canoa algunas gotas.

Subercasaux alzó los ojos, buscando en vano en el cielo una conmoción luminosa o la fisura de un relámpago. Como en toda la tarde, no se oía tampoco ahora un solo trueno.

Lluvia para toda la noche —pensó. Y volviéndose a sus acompañantes, que se mantenían mudos en popa:

—Pónganse las capas —dijo brevemente—. Y sujétense bien.

En efecto, la canoa avanzaba ahora doblando las ramas, y dos o tres veces el remo de babor se había deslizado sobre un gajo sumergido. Pero aun a trueque de romper un remo, Subercasaux no perdía contacto con la fronda, pues de apartarse cinco metros de la costa podía cruzar y recruzar toda la noche delante de su puerto, sin lograr verlo.

Bordeando literalmente el bosque a flor de agua, el remero avanzó un rato aún. Las gotas caían ahora más densas, pero también con mayor intermitencia. Cesaban bruscamente, como si hubieran caído no se sabe de dónde. Y recomenzaban otra vez, grandes, aisladas y calientes, para cortarse de nuevo en la misma oscuridad y la misma depresión de atmósfera.

—Sujétense bien —repitió Subercasaux a sus dos acompañantes—. Ya hemos llegado.

En efecto, acababa de entrever la escotadura de su puerto. Con dos vigorosas remadas lanzó la canoa sobre la greda, y mientras sujetaba la embarcación al piquete, sus dos silenciosos acompañantes saltaban a tierra, la que a pesar de la oscuridad se distinguía bien, por hallarse cubierta de miríadas de gusanillos luminosos que hacían ondular el piso con sus fuegos rojos y verdes.

Hasta lo alto de la barranca, que los tres viajeros treparon bajo la lluvia, por fin uniforme y maciza, la arcilla empapada fosforeció. Pero luego las tinieblas los aislaron de nuevo; y entre ellas, la búsqueda del sulky que habían dejado caído sobre las varas.

La frase hecha: «No se ve ni las manos puestas bajo los ojos», es exacta. Y en tales noches, el momentáneo fulgor de un fósforo no tiene otra utilidad que apretar enseguida la tiniebla mareante, hasta hacernos perder el equilibrio.

Hallaron, sin embargo, el sulky, mas no el caballo. Y dejando de guardia junto a una rueda a sus dos acompañantes, que, inmóviles bajo el capuchón caído, crepitaban de lluvia, Subercasaux fue espinándose hasta el fondo de la picada, donde halló a su caballo naturalmente enredado en las riendas.

No había Subercasaux empleado mas de veinte minutos en buscar y traer al animal; pero cuando al orientarse en las cercanías del sulky con un:

—¿Están ahí, chiquitos? —oyó:

—Sí, piapiá.

Subercasaux se dio por primera vez cuenta exacta, en esa noche, de que los dos compañeros que había abandonado a la noche y a la lluvia eran sus dos hijos, de cinco y seis años, cuyas cabezas no alcanzaban al cubo de la rueda, y que, juntitos y chorreando esperaban tranquilos a que su padre volviera.

Regresaban por fin a casa, contentos y charlando. Pasados los instantes de inquietud o peligro, la voz de Subercasaux era muy distinta de aquella con que hablaba a sus chiquitos cuando debía dirigirse a ellos como a hombres. Su voz había bajado dos tonos; y nadie hubiera creído allí, al oír la ternura de las voces, que quien reía entonces con las criaturas era el mismo hombre de acento duro y breve de media hora antes. Y quienes en verdad dialogaban ahora eran Subercasaux y su chica, pues el varoncito —el menor— se había dormido en las rodillas del padre.

Subercasaux se levantaba generalmente al aclarar; y aunque lo hacía sin ruido, sabía bien que en el cuarto inmediato su chico, tan madrugador como él, hacía rato que estaba con los ojos abiertos esperando sentir a su padre para levantarse. Y comenzaba entonces la invariable fórmula de saludo matinal de uno a otro cuarto:

—¡Buen día, piapiá!

—¡Buen día, mi hijito querido!

—¡Buen día, piapiacito adorado!

—¡Buen día, corderito sin mancha!

—¡Buen día, ratoncito sin cola!

—¡Coaticito mío!

—¡Piapiá tatucito!

—¡Carita de gato!

—¡Colita de víbora!

Y en este pintoresco estilo, un buen rato más. Hasta que, ya vestidos, se iban a tomar café bajo las palmeras en tanto que la mujercita continuaba durmiendo como una piedra, hasta que el Sol en la cara la despertaba.

Subercasaux, con sus dos chiquitos, hechura suya en sentimientos y educación, se consideraba el padre más feliz de la tierra. Pero lo había conseguido a costa de dolores más duros de los que suelen conocer los hombres casados.

Bruscamente, como sobrevienen las cosas que no se conciben por su aterradora injusticia, Subercasaux perdió a su mujer. Quedó de pronto solo, con dos criaturas que apenas lo conocían, y en la misma casa por él construida y por ella arreglada, donde cada clavo y cada pincelada en la pared eran un agudo recuerdo de compartida felicidad.

Supo al día siguiente al abrir por casualidad el ropero, lo que es ver de golpe la ropa blanca de su mujer ya enterrada; y colgado, el vestido que ella no tuvo tiempo de estrenar.

Conoció la necesidad perentoria y fatal, si se quiere seguir viviendo, de destruir hasta el último rastro del pasado, cuando quemó con los ojos fijos y secos las cartas por él escritas a su mujer, y que ella guardaba desde novia con más amor que sus trajes de ciudad. Y esa misma tarde supo, por fin, lo que es retener en los brazos, deshecho al fin de sollozos, a una criatura que pugna por desasirse para ir a jugar con el chico de la cocinera.

Duro, terriblemente duro aquello... Pero ahora reía con sus dos cachorros que formaban con él una sola persona, dado el modo curioso como Subercasaux educaba a sus hijos.

Las criaturas, en efecto, no temían a la oscuridad, ni a la soledad, ni a nada de lo que constituye el terror de los bebés criados entre las polleras de la madre. Más de una vez, la noche cayó sin que Subercasaux hubiera vuelto del río, y las criaturas encendieron el farol de viento a esperarlo sin inquietud. O se despertaban solos en medio de una furiosa tormenta que los enceguecía a través de los vidrios, para volverse a dormir enseguida, seguros y confiados en el regreso de papá.

No temía a nada, sino a lo que su padre les advertía debían temer; y en primer grado, naturalmente, figuraban las víboras. Aunque libres, respirando salud y deteniéndose a mirarlo todo con sus grandes ojos de cachorros alegres, no hubieran sabido qué hacer un instante sin la compañía del padre. Pero si éste, al salir, les advertía que iba a estar tal tiempo ausente, los chicos se quedaban entonces contentos a jugar entre ellos. De igual modo, si en sus mutuas y largas andanzas por el monte o el río, Subercasaux debía alejarse minutos u horas, ellos improvisaban enseguida un juego, y lo aguardaban indefectiblemente en el mismo lugar, pagando así, con ciega y alegre obediencia, la confianza que en ellos depositaba su padre.

Galopaban a caballo por su cuenta, y esto desde que el varoncito tenía cuatro años. Conocían perfectamente —como toda criatura libre— el alcance de sus fuerzas, y jamás lo sobrepasaban. Llegaban a veces, solos, hasta el Yabebirí, al acantilado de arenisca rosa.

—Cerciórense bien del terreno, y siéntense después —le había dicho su padre.

El acantilado se alza perpendicular a veinte metros de un agua profunda y umbría que refresca las grietas de su base. Allá arriba, diminutos, los chicos de Subercasaux se aproximaban tanteando las piedras con el pie. Y seguros, por fin, se sentaban a dejar jugar las sandalias sobre el abismo.

Naturalmente, todo esto lo había conquistado Subercasaux en etapas sucesivas y con las correspondientes angustias.

—Un día se mata un chico —decíase—. Y por el resto de mis días pasaré preguntándome si tenía razón al educarlos así.

Sí, tenía razón. Y entre los escasos consuelos de un padre que queda solo con huérfanos, es el más grande el de poder educar a los hijos de acuerdo con una sola línea de carácter.

Subercasaux era, pues, feliz, y las criaturas sentíanse entrañablemente ligadas a aquel hombrón que jugaba horas enteras con ellos, les enseñaba a leer en el suelo con grandes letras rojas y pesadas de minio y les cosía las rasgaduras de sus bombachas con sus tremendas manos endurecidas.

De coser bolsas en el Chaco, cuando fue allá plantador de algodón, Subercasaux había conservado la costumbre y el gusto de coser. Cosía su ropa, la de sus chicos, las fundas del revólver, las velas de su canoa, todo con hilo de zapatero y a puntada por nudo. De modo que sus camisas podían abrirse por cualquier parte menos donde él había puesto su hilo encerado.

En punto a juegos, las criaturas estaban acordes en reconocer en su padre a un maestro, particularmente en su modo de correr en cuatro patas, tan extraordinario que los hacía enseguida gritar de risa.

Como, a más de sus ocupaciones fijas, Subercasaux tenía inquietudes experimentales, que cada tres meses cambiaban de rumbo, sus hijos, constantemente a su lado, conocían una porción de cosas que no es habitual conozcan las criaturas de esa edad. Habían visto —y ayudado a veces— a disecar animales, fabricar creolina, extraer caucho del monte para pegar sus impermeables; habían visto teñir las camisas de su padre de todos los colores, construir palancas de ocho mil kilos para estudiar cementos; fabricar superfosfatos, vino de naranja, secadoras de tipo Mayfarth, y tender, desde el monte al bungalow, un alambre carril suspendido a diez metros del suelo, por cuyas vagonetas los chicos bajaban volando hasta la casa.

Por aquel tiempo había llamado la atención de Subercasaux un yacimiento o filón de arcilla blanca que la última gran bajada del Yabebirí dejara a descubierto. Del estudio de dicha arcilla había pasado a las otras del país, que cocía en sus hornos de cerámica —naturalmente, construido por él—. Y si había de buscar índices de cocción, vitrificación y demás, con muestras amorfas, prefería ensayar con cacharros, caretas y animales fantásticos, en todo lo cual sus chicos lo ayudaban con gran éxito.

De noche, y en las tardes muy oscuras del temporal, entraba la fábrica en gran movimiento. Subercasaux encendía temprano el horno, y los ensayistas, encogidos por el frío y restregándose las manos, sentábanse a su calor a modelar.

Pero el horno chico de Subercasaux levantaba fácilmente mil grados en dos horas, y cada vez que a este punto se abría su puerta para alimentarlo, partía del hogar albeante un verdadero golpe de fuego que quemaba las pestañas. Por lo cual los ceramistas retirábanse a un extremo del taller, hasta que el viento helado que filtraba silbando por entre las tacuaras de la pared los llevaba otra vez, con mesa y todo, a caldearse de espaldas al horno.

Salvo las piernas desnudas de los chicos, que eran las que recibían ahora las bocanadas de fuego, todo marchaba bien. Subercasaux sentía debilidad por los cacharros prehistóricos; la nena modelaba de preferencia sombreros de fantasía, y el varoncito hacía, indefectiblemente, víboras.

A veces, sin embargo, el ronquido monótono del horno no los animaba bastante, y recurrían entonces al gramófono, que tenía los mismos discos desde que Subercasaux se casó y que los chicos habían aporreado con toda clase de púas, clavos, tacuaras y espinas que ellos mismos aguzaban. Cada uno se encargaba por turno de administrar la máquina, lo cual consistía en cambiar automáticamente de disco sin levantar siquiera los ojos de la arcilla y reanudar enseguida el trabajo. Cuando habían pasado todos los discos, tocaba a otro el turno de repetir exactamente lo mismo. No oían ya la música, por resaberla de memoria; pero les entretenía el ruido.

A la diez los ceramistas daban por terminada su tarea y se levantaban a proceder por primera vez al examen crítico de sus obras de arte, pues antes de haber concluido todos no se permitía el menor comentario. Y era de ver, entonces, el alborozo ante las fantasías ornamentales de la mujercita y el entusiasmo que levantaba la obstinada colección de víboras del nene. Tras lo cual Subercasaux extinguía el fuego del horno, y todos de la mano atravesaban corriendo la noche helada hasta su casa.

Tres días después del paseo nocturno que hemos contado, Subercasaux quedó sin sirvienta; y este incidente, ligero y sin consecuencias en cualquier otra parte, modificó hasta el extremo la vida de los tres desterrados.

En los primeros momentos de su soledad, Subercasaux había contado para criar a sus hijos con la ayuda de una excelente mujer, la misma cocinera que lloró y halló la casa demasiado sola a la muerte de su señora.

Al mes siguiente se fue, y Subercasaux pasó todas las penas para reemplazarla con tres o cuatro hoscas muchachas arrancadas al monte y que solo se quedaban tres días por hallar demasiado duro el carácter del patrón.

Subercasaux, en efecto, tenía alguna culpa y lo reconocía. Hablaba con las muchachas apenas lo necesario para hacerse entender; y lo que decía tenía precisión y lógica demasiado masculinas. Al barrer aquéllas el comedor, por ejemplo, les advertía que barrieran también alrededor de cada pata de la mesa. Y esto, expresado brevemente, exasperaba y cansaba a las muchachas.

Por el espacio de tres meses no pudo obtener siquiera una chica que le lavara los platos. Y en estos tres meses Subercasaux aprendió algo más que a bañar a sus chicos.

Aprendió, no a cocinar, porque ya lo sabía, sino a fregar ollas con la misma arena del patio, en cuclillas y al viento helado, que le amorataba las manos. Aprendió a interrumpir a cada instante sus trabajos para correr a retirar la leche del fuego o abrir el horno humeante, y aprendió también a traer de noche tres baldes de agua del pozo —ni uno menos— para lavar su vajilla.

Este problema de los tres baldes ineludibles constituyó una de sus pesadillas, y tardó un mes en darse cuenta de que le eran indispensables. En los primeros días, naturalmente, había aplazado la limpieza de ollas y platos, que amontonaba uno al lado de otro en el suelo, para limpiarlos todos juntos. Pero después de perder una mañana entera en cuclillas raspando cacerolas quemadas (todas se quemaban), optó por cocinar-comer-fregar, tres sucesivas cosas cuyo deleite tampoco conocen los hombres casados.

No le quedaba, en verdad, tiempo para nada, máxime en los breves días de invierno. Subercasaux había confiado a los chicos el arreglo de las dos piezas, que ellos desempeñaban bien que mal. Pero no se sentía él mismo con ánimo suficiente para barrer el patio, tarea científica, radial, circular y exclusivamente femenina, que, a pesar de saberla Subercasaux base del bienestar en los ranchos del monte, sobrepasaba su paciencia.

En esa suelta arena sin remover, convertida en laboratorio de cultivo por el tiempo cruzado de lluvias y Sol ardiente, los piques se propagaron de tal modo que se los veía trepar por los pies descalzos de los chicos. Subercasaux, aunque siempre de stromboot, pagaba pesado tributo a los piques. Y rengo casi siempre, debía pasar una hora entera después de almorzar con los pies de su chico entre las manos, en el corredor y salpicado de lluvia o en el patio cegado por el Sol. Cuando concluía con el varoncito, le tocaba el turno a sí mismo; y al incorporarse por fin, curvaturado, el nene lo llamaba porque tres nuevos piques le habían taladrado a medias la piel de los pies.

La mujercita parecía inmune, por ventura; no había modo de que sus uñitas tentaran a los piques, de diez de los cuales siete correspondían de derecho al nene y solo tres a su padre. Pero estos tres resultaban excesivos para un hombre cuyos pies eran el resorte de su vida montés.

Los piques son, por lo general, más inofensivos que las víboras, las uras y los mismos barigüis. Caminan empinados por la piel, y de pronto la perforan con gran rapidez, llegan a la carne viva, donde fabrican una bolsita que llenan de huevos. Ni la extracción del pique o la nidada suelen ser molestas, ni sus heridas se echan a perder más de lo necesario. Pero de cien piques limpios hay uno que aporta una infección, y cuidado entonces con ella.

Subercasaux no lograba reducir una que tenía en un dedo, en el insignificante meñique del pie derecho. De un agujerillo rosa había llegado a una grieta tumefacta y dolorosísima, que bordeaba la uña. Yodo, bicloruro, agua oxigenada, formol, nada había dejado de probar. Se calzaba, sin embargo, pero no salía de casa, y sus inacabables fatigas de monte se reducían ahora, en las tardes de lluvia, a lentos y taciturnos paseos alrededor del patio, cuando al entrar el Sol el cielo se despejaba y el bosque, recortado a contraluz como sombra chinesca, se aproximaba en el aire purísimo hasta tocar los mismos ojos.

Subercasaux reconocía que en otras condiciones de vida habría logrado vencer la infección, la que solo pedía un poco de descanso. El herido dormía mal, agitado por escalofríos y vivos dolores en las altas horas. Al rayar el día, caía por fin en un sueño pesadísimo, y en ese momento hubiera dado cualquier cosa por quedar en cama hasta las ocho siquiera. Pero el nene seguía en invierno tan madrugador como en verano, y Subercasaux se levantaba achuchado a encender el primus y preparar el café. Luego el almuerzo, el restregar ollas. Y por diversión, al mediodía, la inacabable historia de los piques de su chico.

—Esto no puede continuar así —acabó por decirse Subercasaux—. Tengo que conseguir a toda costa una muchacha.

Pero ¿cómo? Durante sus años de casado esta terrible preocupación de la sirvienta había constituido una de sus angustias periódicas. Las muchachas llegaban y se iban, como lo hemos dicho, sin decir por qué, y esto cuando había una dueña de casa. Subercasaux abandonaba todos sus trabajos y por tres días no bajaba del caballo, galopando por las picadas desde Apariciocué a San Ignacio, tras de la más inútil muchacha que quisiera lavar los pañales. Un mediodía, por fin, Subercasaux desembocaba del monte con una aureola de tábanos en la cabeza y el pescuezo del caballo deshilado en sangre; pero triunfante. La muchacha llegaba al día siguiente en ancas de su padre, con un atado; y al mes justo se iba con el mismo atado, a pie. Y Subercasaux dejaba otra vez el machete o la azada para ir a buscar su caballo, que ya sudaba al Sol sin moverse.

Malas aventuras aquellas, que le habían dejado un amargo sabor y que debían comenzar otra vez. ¿Pero hacia dónde?

Subercasaux había ya oído en sus noches de insomnio el tronido lejano del bosque, abatido por la lluvia. La primavera suele ser seca en Misiones, y muy lluvioso el invierno. Pero cuando el régimen se invierte —y de esperar en el clima de Misiones—, las nubes precipitan en tres meses un metro de agua, de los mil quinientos milímetros que deben caer en el año.

Hallábanse ya casi sitiados. El Horqueta, que corta el camino hacia la costa del Paraná, no ofrecía entonces puente alguno y solo daba paso en el vado carretero, donde el agua caía en espumoso rápido sobre piedras redondas y movedizas, que los caballos pisaban estremecidos. Esto, en tiempos normales; porque cuando el riacho se ponía a recoger las aguas de siete días de temporal, el vado quedaba sumergido bajo cuatro metros de agua veloz, estirada en hondas líneas que se cortaban y enroscaban de pronto en un remolino. Y los pobladores del Yabebirí, detenidos a caballo ante el pajonal inundado, miraban pasar venados muertos, que iban girando sobre sí mismos. Y así por diez o quince días.

El Horqueta daba aún paso cuando Subercasaux se decidió a salir; pero en su estado, no se atrevía a recorrer a caballo tal distancia. Y en el fondo, hacia el arroyo del Cazador, ¿qué podía hallar?

Recordó entonces a un muchachón que había tenido una vez, listo y trabajador como pocos, quien le había manifestado riendo, el mismo día de llegar, y mientras fregaba una sartén en el suelo, que él se quedaría un mes, porque su patrón lo necesitaba; pero ni un día más, porque ese no era un trabajo para hombres. El muchacho vivía en la boca del Yabebirí, frente a la isla del Toro; lo cual representaba un serio viaje, porque si el Yabebirí se desciende y se remonta jugando, ocho horas continuas de remo aplastan los dedos de cualquiera que ya no está en tren.

Subercasaux se decidió, sin embargo. Y a pesar del tiempo amenazante, fue con sus chicos hasta el río, con el aire feliz de quien ve por fin el cielo abierto. Las criaturas besaban a cada instante la mano de su padre, como era hábito en ellos cuando estaban muy contentos. A pesar de sus pies y el resto, Subercasaux conservaba todo su ánimo para sus hijos; pero para éstos era cosa muy distinta atravesar con su piapiá el monte enjambrado de sorpresas y correr luego descalzos a lo largo de la costa, sobre el barro caliente y elástico del Yabebirí.

Allí les esperaba lo ya previsto: la canoa llena de agua, que fue preciso desagotar con el achicador habitual y con los mates guardabichos que los chicos llevaban siempre en bandolera cuando iban al monte.

La esperanza de Subercasaux era tan grande que no se inquietó lo necesario ante el aspecto equívoco del agua enturbiada, en un río que habitualmente da fondo claro a los ojos hasta dos metros.

—Las lluvias —pensó— no se han obstinado aún con el sudeste... Tardará un día o dos en crecer.

Prosiguieron trabajando. Metidos en el agua a ambos lados de la canoa, baldeaban de firme. Subercasaux, en un principio, no se había atrevido a quitarse las botas, que el lodo profundo retenía al punto de ocasionarle buenos dolores al arrancar el pie. Descalzóse, por fin, y con los pies libres y hundidos como cuñas en el barro pestilente, concluyó de agotar la canoa, la dio vuelta y le limpió los fondos, todo en dos horas de febril actividad.

Listos, por fin, partieron. Durante una hora la canoa se deslizó más velozmente de lo que el remero hubiera querido. Remaba mal, apoyado en un solo pie, y el talón desnudo herido por el filo del soporte. Y asimismo avanzaba a prisa, porque el Yabebirí corría ya. Los palitos hinchados de burbujas, que comenzaban a orlear los remansos, y el bigote de las pajas atracadas en un raigón hicieron por fin comprender a Subercasaux lo que iba a pasar si demoraba un segundo en virar de proa hacia su puerto.

Sirvienta, muchacho, ¡descanso, por fin!..., nuevas esperanzas perdidas. Remó, pues, sin perder una palada. Las cuatro horas que empleó en remontar, torturado de angustias y fatiga, un río que había descendido en una hora, bajo una atmósfera tan enrarecida que la respiración anhelaba en vano, solo él pudo apreciarlas a fondo. Al llegar a su puerto, el agua espumosa y tibia había subido ya dos metros sobre la playa. Y por la canal bajaban a medio hundir ramas secas, cuyas puntas emergían y se hundían balanceándose.

Los viajeros llegaron al bungalow cuando ya estaba casi oscuro, aunque eran apenas las cuatro, y a tiempo que el cielo, con un solo relámpago desde el cenit al río, descargaba por fin su inmensa provisión de agua. Cenaron enseguida y se acostaron rendidos, bajo el estruendo del cinc que el diluvio martilló toda la noche con implacable violencia.

Al rayar el día, un hondo escalofrío despertó al dueño de casa. Hasta ese momento había dormido con pesadez de plomo. Contra lo habitual, desde que tenía el dedo herido, apenas le dolía el pie, no obstante las fatigas del día anterior.

Echóse encima el impermeable tirado en el respaldo de la cama, y trató de dormir de nuevo.

Imposible. El frío lo traspasaba. El hielo interior irradiaba hacia afuera, y todos los poros convertidos en agujas de hielo erizadas, de lo que adquiría noción al mínimo roce con su ropa. Apelotonado, recorrido a lo largo de la médula espinal por rítmicas y profundas corrientes de frío, el enfermo vio pasar las horas sin lograr calentarse. Los chicos, felizmente, dormían aún.

—En el estado en que estoy no se hacen pavadas como la de ayer —se repetía—. Estas son las consecuencias.

Como un sueño lejano, como una dicha de inapreciable rareza que alguna vez poseyó, se figuraba que podía quedar todo el día en cama, caliente y descansando, por fin, mientras oía en la mesa el ruido de las tazas de café con leche que la sirvienta —aquella primera gran sirvienta— servía a los chicos...

¡Quedar en cama hasta las diez, siquiera!... En cuatro horas pasaría la fiebre, y la misma cintura no le dolería tanto... ¿Qué necesitaba, en suma, para curarse? Un poco de descanso, nada más. Él mismo se lo había repetido diez veces...

Y el día avanzaba, y el enfermo creía oír el feliz ruido de las tazas, entre las pulsaciones profundas de su sien de plomo. ¡Qué dicha oír aquel ruido!... Descansaría un poco, por fin...

—¡Piapiá!

—Mi hijo querido.

—¡Buen día, piapiacito adorado! ¿No te levantaste todavía? Es tarde, piapiá.

—Sí, mi vida, ya me estaba levantando...

Y Subercasaux se vistió a prisa, echándose en cara su pereza, que lo había hecho olvidar del café de sus hijos.

El agua había cesado, por fin, pero sin que el menor soplo de viento barriera la humedad ambiente. A mediodía la lluvia recomenzó, la lluvia tibia, calma y monótona, en que el valle del Horqueta, los sembrados y los pajonales se diluían en una brumosa y tristísima napa de agua.

Después de almorzar, los chicos se entretuvieron en rehacer su provisión de botes de papel que habían agotado la tarde anterior... hacían cientos de ellos, que acondicionaban unos dentro de otros como cartuchos, listos para ser lanzados en la estela de la canoa, en el próximo viaje. Subercasaux aprovechó la ocasión para tirarse un rato en la cama, donde recuperó enseguida su postura de gatillo, manteniéndose inmóvil con las rodillas subidas hasta el pecho.

De nuevo, en la sien, sentía un peso enorme que la adhería a la almohada, al punto de que ésta parecía formar parte integrante de su cabeza. ¡Qué bien estaba así! ¡Quedar uno, diez, cien días sin moverse! El murmullo monótono del agua en el cinc lo arrullaba, y en su rumor oía distintamente, hasta arrancarle una sonrisa, el tintineo de los cubiertos que la sirvienta manejaba a toda prisa en la cocina. ¡Qué sirvienta la suya!... Y oía el ruido de los platos, docenas de platos, tazas y ollas que las sirvientas —¡eran diez ahora!— raspaban y flotaban con rapidez vertiginosa. ¡Qué gozo de hallarse bien caliente, por fin, en la cama, sin ninguna, ninguna preocupación!... ¿Cuándo, en qué época anterior había él soñado estar enfermo, con una preocupación terrible?... ¡Qué zonzo había sido!... Y qué bien se está así, oyendo el ruido de centenares de tazas limpísimas...

—¡Piapiá!

—Chiquita...

—¡Ya tengo hambre, piapiá!

—Sí, chiquita; enseguida...

Y el enfermo se fue a la lluvia a aprontar el café a sus hijos.

Sin darse cuenta precisa de lo que había hecho esa tarde, Subercasaux vio llegar la noche con hondo deleite. Recordaba, sí, que el muchacho no había traído esa tarde la leche, y que él había mirado un largo rato su herida, sin percibir en ella nada de particular.

Cayó en la cama sin desvestirse siquiera, y en breve tiempo la fiebre lo arrebató otra vez. El muchacho que no había llegado con la leche... ¡Qué locura!...

Con solo unos días de descanso, con unas horas nada más, se curaría. ¡Claro! ¡Claro!... Hay una justicia a pesar de todo... Y también un poquito de recompensa... para quien había querido a sus hijos como él... Pero se levantaría sano. Un hombre puede enfermarse a veces... y necesitar un poco de descanso. ¡Y cómo descansaba ahora, al arrullo de la lluvia en el cinc!... ¿Pero no habría pasado un mes ya?... Debía levantarse.

El enfermo abrió los ojos. No veía sino tinieblas, agujereadas por puntos fulgurantes que se retraían e hinchaban alternativamente, avanzando hasta sus ojos en velocísimo vaivén.

«Debo de tener fiebre muy alta» —se dijo el enfermo.

Y encendió sobre el velador el farol de viento. La mecha, mojada, chisporroteó largo rato, sin que Subercasaux apartara los ojos del techo. De lejos, lejísimo, llegábale el recuerdo de una noche semejante en que él se hallaba muy, muy enfermo... ¡Qué tontería!... Se hallaba sano, porque cuando un hombre nada más que cansado tiene la dicha de oír desde la cama el tintineo vertiginoso del servicio en la cocina, es porque la madre vela por sus hijos...

Despertóse de nuevo. Vio de reojo el farol encendido, y tras un concentrado esfuerzo de atención, recobró la conciencia de sí mismo.

En el brazo derecho, desde el codo a la extremidad de los dedos, sentía ahora un dolor profundo. Quiso recoger el brazo y no lo consiguió. Bajó el impermeable, y vio su mano lívida, dibujada de líneas violáceas, helada, muerta. Sin cerrar los ojos, pensó un rato en lo que aquello significaba dentro de sus escalofríos y del roce de los vasos abiertos de su herida con el fango infecto del Yabebirí, y adquirió entonces, nítida y absoluta, la comprensión definitiva de que todo él también se moría —que se estaba muriendo.

Hízose en su interior un gran silencio, como si la lluvia, los ruidos y el ritmo mismo de las cosas se hubieran retirado bruscamente al infinito. Y como si estuviera ya desprendido de sí mismo, vio a lo lejos de un país un bungalow totalmente interceptado de todo auxilio humano, donde dos criaturas, sin leche y solas, quedaban abandonadas de Dios y de los hombres, en el más inicuo y horrendo de los desamparos.

Sus hijitos...

Se hallaba ahora bien, perfectamente bien, descansando.

Con un supremo esfuerzo pretendió arrancarse a aquella tortura que le hacía palpar hora tras hora, día tras día, el destino de sus adoradas criaturas. Pensaba en vano: la vida tiene fuerzas superiores que nos escapan... Dios provee...

«¡Pero no tendrán que comer!» —gritaba tumultuosamente su corazón. Y él quedaría allí mismo muerto, asistiendo a aquel horror sin precedentes...

Mas, a pesar de la lívida luz del día que reflejaba la pared, las tinieblas recomenzaban a absorberlo otra vez con sus vertiginosos puntos blancos, que retrocedían y volvían a latir en sus mismos ojos... ¡Sí! ¡Claro! ¡Había soñado! No debiera ser permitido soñar tales cosas... Ya se iba a levantar, descansado.

—¡Piapiá!... ¡Piapiá!... ¡Mi piapiacito querido!.

—Mi hijo...

—¿No te vas a levantar hoy, piapiá? Es muy tarde. ¡Tenemos mucha hambre, piapiá!

—Mi chiquito... No me voy a levantar todavía... Levántense ustedes y coman galleta... Hay dos todavía en la lata... Y vengan después.

—¿Podemos entrar ya, piapiá?

—No, querido mío... Después haré el café... Yo los voy a llamar.

Oyó aún las risas y el parloteo de sus chicos que se levantaban, y después de un rumor in crescendo, un tintineo vertiginoso que irradiaba desde el centro de su cerebro e iba a golpear en ondas rítmicas contra su cráneo dolorosísimo. Y nada mas oyó.

Abrió otra vez los ojos, y al abrirlos sintió que su cabeza caía hacia la izquierda con una facilidad que le sorprendió. No sentía ya rumor alguno. Solo una creciente dificultad sin penurias para apreciar la distancia a que estaban los objetos... Y la boca muy abierta para respirar.

—Chiquitos... Vengan enseguida...

Precipitadamente, las criaturas aparecieron en la puerta entreabierta; pero ante el farol encendido y la fisonomía de su padre, avanzaron mudos y los ojos muy abiertos.

El enfermo tuvo aún el valor de sonreír, y los chicos abrieron más los ojos ante aquella mueca.

—Chiquitos —les dijo Subercasaux, cuando los tuvo a su lado—. Óiganme bien, chiquitos míos, porque ustedes son ya grandes y pueden comprender todo... Voy a morir, chiquitos... Pero no se aflijan... Pronto van a ser ustedes hombres, y serán buenos y honrados... Y se acordarán entonces de su piapiá... Comprendan bien, mis hijitos queridos... Dentro de un rato me moriré, y ustedes no tendrán más padre... Que-

darán solitos en casa... Pero no se asusten ni tengan miedo...
Y ahora, adiós, hijitos míos... Me van a dar ahora un beso...
Un beso cada uno... Pero ligero, chiquitos... Un beso... a su
piapiá...

Las criaturas salieron sin tocar la puerta entreabierta y fueron a detenerse en su cuarto, ante la llovizna del patio. No se movían de allí. Solo la mujercita, con una vislumbre de la extensión de lo que acababa de pasar, hacía a ratos pucheros con el brazo en la cara, mientras el nene rascaba distraído el contramarco, sin comprender.

Ni uno ni otro se atrevían a hacer ruido.

Pero tampoco les llegaba el menor ruido del cuarto vecino, donde desde hacía tres horas su padre, vestido y calzado bajo el impermeable, yacía muerto a la luz del farol.

Una noche de edén

No hay persona que escriba para el público que no haya tenido alguna vez una visión maravillosa. Yo he gozado por dos veces de este don. Yo vi una vez un dinosaurio, y recibí otra vez la visita de una mujer de seis mil años. Las palabras que me dirigió, después de pasar una noche entera conmigo, constituyen el tema de esta historia.

Su voz llegóme no sé de dónde, por vía radioestelar, sin duda, pero la percibí por vulgar teléfono, tras insistentes llamadas a altas horas de la noche. He aquí lo que hablamos:

—¡Hola! comencé.

—¡Por fin! —respondió una voz ligeramente burlona, y evidentemente de mujer—. Ya era tiempo...

—¿Con quién hablo? —insistí.

—Con una señora. Debía bastarle esto...

—Enterado. ¿Pero qué señora?

—¿Quiere usted saber mi nombre?

—Precisamente.

—Usted no me conoce.

—Estoy seguro.

—Soy Eva.

Por un momento me detuve.

—¡Hola! —repetí.

—¡Sí, señor!

—¿Habla Eva?

—La misma.

—Eva... ¿Nuestra abuela?

—¡Sí, señor, Eva sí!

Entonces me rasqué la cabeza. La voz que me hablaba era la de una persona muy joven, con un timbre dulcísimamente salvaje.

—¡Hola! —repetí por tercera vez.

—¡Sí!

—Y esa voz... fresca... ¿es suya?

—¡Por supuesto!

—¿Y lo demás?

—¿Qué cosa?

—El cuerpo...

—¿Qué tiene el cuerpo?

Bien se comprende mi titubeo; no demuestra sobrado ingenio el recordarle su cuerpo a una dama anterior al diluvio. Sin embargo:

—Su cuerpo... ¿fresco también?

—¡Oh, no! ¿Cómo quiere usted que se parezca al de esas señoritas de ahora que le gustan a usted tanto?

Debo advertir aquí que esa misma noche, en una reunión mundana, yo me había erigido en campeón del sentimiento artístico de la mujer. Con un calor poco habitual en mí, había sostenido que el arte en el hombre, totalmente estacionado después de recorrer cuatro o cinco etapas alternativas e iguales en suma, había proseguido su marcha ascendente de emociones en la mujer. Que en su indumentaria, en sus vestidos, en el corte de sus trajes, en el color de las telas, en la sutilísima riqueza de sus adornos, debía verse, vital y eterno, el sentimiento del arte.

Esto había dicho yo. ¿Pero cómo lo sabía ella?

—Lo sé —me respondió—, porque todos ustedes piensan lo mismo. Igual pensaba Adán.

—Pero creo entender —repuse— que en el paraíso no había más mujer que usted...

—¿Y usted qué sabe?

Cierto; yo nada sabía. Y ella parecía muy segura. Así es que cambié de tono.

—Quisiera verla... —dije.

—¿A quién?

—A usted.

—¿A mí?

—Sí.

—¡Ah!, es usted también curioso... Le voy a causar horror.

—Aunque me lo cause...

—Es que... (Y aquí una larga pausa)... no estoy vestida. ¿Comprende usted? En el fondo del espacio donde me hallo... Y además, soy demasiado vieja para no infundir horror... aun a usted. Puedo sin embargo vestirme, si usted me proporciona ropas, con una condición...

—¡Todas!

—Oh, muy pocas... Que me lleve con usted a ver señoras bien vestidas... como se visten ahora. ¡Oh, condescienda usted!... Hace miles de años que tengo este deseo, pero nunca como... desde anoche. Antes nos preocupábanos muy poco del vestido... Ahora ha llegado la mujer al límite en el sentimiento del arte.

Mis propias palabras, como se ve.

—Desde ese oscuro fondo del tiempo y del espacio —argüí—, ¿cómo?

—La serpiente de Adán, señor mío...

—¿De Adán? No, señora; suya.

—No, de Adán. De las mujeres son yararás que usted conoce, y una que otra serpiente de cascabel...

—Crotalus terrificus —observé.

—Eso es. Pero no son las víboras, sino el maravilloso vestido de la mujer de ahora lo que deseo ver. No puedo imaginarme qué puede ser ese arte sutil que enloquece a las personas como usted.

Por segunda o tercera vez la ilustre anciana la emprendía conmigo. ¿Qué hacer? Yo podía proporcionar a mi interlocutora las ropas que esperaba de mí, y podía también proseguir la aventura que llegaba hasta mí desde el fondo de la eternidad, a través de un trivial teléfono.

Fue lo que hice. Coloqué a su pedido las ropas tras el biombo de la chimenea, y bruscamente surgió ella ante mí, envuelta hasta los pies en negro manto. Llevaba antifaz con encaje, y en las manos guantes negros. Yo podía haber presentido, de fijar un instante más los ojos en su silueta, lo que había en realidad de esquelético en aquella fosca aparición. No lo hice, y procedí mal.

Sin ver, pues, más que aquella decrépita figura, terriblemente arrepentido de mi condescendencia, salimos del escritorio, y media hora más tarde llegábamos a una casa de mi relación, cuyas tres hermosísimas chicas reunían esa noche a unos cuantos amigos.

Lo que fue toda esa sesión: mi presencia en compañía de una ilustre anciana que por razones de estado deseaba conservar el incógnito; la burlesca estupefacción de las chicas que charlaban sin perder de vista al fenómeno; los esfuerzos míos para alejar de la situación un ridículo inexorable, las sonrisitas cruzadas de las damas ojeándonos sin cesar a la momia y a mí, toda esa interminable noche fue mucho más larga de sufrir que de contar.

Regresamos a casa sin haber cambiado una palabra, ni en el auto ni en los instantes en que dejé el sobretodo sobre una silla, y el sombrero no sé dónde. Pero cuando me hube sentado de costado al fuego, sin mirar otra cosa que el hogar de la chimenea y disgustado hasta el fondo de mi alma, la dama, del pie, tomó entonces la palabra.

—Yo me voy, señor —me dijo—. Ni por mi situación ni por mi edad estoy en estado de permanecer más en su compañía, Por grata que me sea, pues no soy desagradecida. He visto lo que deseaba, y me vuelvo. Pero antes de partir deseo que usted oiga algunas palabras.

«Ustedes, los hombres, se han hartado de proclamar que la coquetería es patrimonio de las hijas de Eva —culpa mía, si usted quiere— y que el mundo marcha mal desde que la primera mujer coqueteó con la serpiente... Yo podría aclarar este concepto, pero no quiero volver sobre una historia demasiado vieja... aun para mí. Puedo decir, no obstante, que el adorno, la coquetería en la mujer, era una cosa muy sencilla, pues no teníamos para coquetear más que la cabellera. Después hubo otras muchas cosas... Pero a pesar de nuestra orfandad al respecto, algo pude hacer con mis diecisiete años... Usted debe saberlo por la Biblia.
»Pues bien: desde mucho tiempo atrás yo quería reencarnar en la vida contemporánea; mas era indispensable para ello, que viera cómo se visten las mujeres de ahora.
»¿Qué podía hacer yo, con mi pobre coquetería del Paraíso, con mis escasos adornos de muchacha anterior al diluvio? Por esto, y desesperanzada ya de reencarnar por largo tiempo con una nueva vida, he tomado la determinación de hacerlo por unas breves horas, y he elegido las horas pasadas para ponerme en contacto con el escritor que me escucha... y con las señoritas que gustan a ese escritor.
»Por lo poco que he visto, el mundo de ustedes ha progresado inmensamente en seis mil años, y hay ahora cosas admirables. Lo que no hay, óigame usted bien, es progreso en el adorno de la mujer. Ustedes lo creen así, porque dichos adornos cuestan dinero. En mi época, una chica estaba bien vestida cuando, a más de ser bella, llevaba en los cabellos flores o plumas de gar-

za, tapados de pieles sobre los hombros, sartas de perlas en el cuello, y un abanico de grandes plumas en la diestra.

»Hoy, señor enamorado, después de seis mil años de febril progreso, de incalculables esfuerzos de la inteligencia y del arte, de sutiles refinamientos estéticos, hoy las mujeres bien vestidas llevan, exactamente como en las edades salvajes, plumas en la cabeza, pieles en los hombros, piedras en el cuello, flores en la cabeza y grandes plumas en la mano.

»¿Dónde está el progreso, quiere usted decirme? ¿Qué ha inventado de nuevo la mujer actual? ¿En qué revela su decantado refinamiento de arte?

»¡Bah, señor! Ustedes se dejan engañar a sabiendas, con su devoción feminista; pero salvo uno que otro detalle, la dama original y elegante de hoy debe recurrir fatalmente para su adorno a los miserables elementos del oscuro mundo primitivo: las pieles, las plumas, las piedritas que brillan.

»Y no solo no se ha conquistado nada, sino que se ha rebajado el valor de tales adornos. El valor de una piel sedosa está en la fatiga que ha costado el obtenerla. El amante primitivo que a costa de su sangre conquistó al animal mismo, la piel para adornar con ella a su amada, consagró con ese precio el alto valor del adorno. Es bella la piel en los hombros de una muchacha porque el hombre que la amaba se desangró por conseguírsela. Este es su valor, como el de una obra de arte cualquiera, que para ser tal debe dejar exhausto un corazón.

»Hoy no es la muchacha más amada la que le luce la piel, sino aquella cuyo padre tiene más dinero. Y volveré a la nada en que he dormido seis mil años, sin comprender cómo las amigas de usted, y las otras y todas las mujeres de hoy, sienten tanto orgullo de lucir una piel que no ha conquistado el varón que aman, sino que han debido pagar muy caro al peletero; y sin comprender tampoco como ustedes los hombres no se mueren de vergüenza cuando se sienten orgullosos de ver a sus novias lucir un adorno que ustedes mismos han sido incapaces de obtener, y por el que otro hombre, también joven y buen mozo como ustedes dio todo su valor y su sangre en una cacería salvaje.

»Solo esto quería decirle. Ahora, señor, me vuelvo. Le he sido a usted demasiado cargosa con mi ancianidad y mis tonterías para que no conserve usted de mí ni el recuerdo...»

Permanecí impasible, sin apartar los ojos del fuego.

—¿Quiere usted, sin embargo, guardar un vago recuerdo mío? Lo autorizaría a usted a sacarme una fotografía...

Dijo; y sin hacerme rogar de nuevo, pues deseaba concluir de una vez con aquel atroz absurdo, me levanté, también sin mirar a la dama, volví con la máquina, y a toda prisa apreté el obturador.

¡Por fin! Eché una mirada salvadora al biombo que debía ocultarla de nuevo.

—¡Oh, esta vez no hay necesidad! —murmuró ella—. Con que cierre usted un instante los ojos, basta...

¡Los cerré con rabia, y cuando los abrí no había ya nadie allí!

Aquí concluye la historia. Y lo que sigue no es sino un eterno remordimiento.

Al hallarme solo, me hallé también sin sueño por el resto de la noche.

Y mitad por distracción, mitad por curiosidad fotográfica, revelé la placa.

¡Oh! ¿Qué razón no ha concebido a Eva desnuda como el cielo, virgen y hermosísima en la primera alba del Edén?

No una decrépita momia envuelta en negro: una criatura de diecisiete años, indescriptiblemente pura y curiosa, era lo que revelaba la fotografía. Y yo no había sabido verlo.

Al día siguiente, a las mismas altas horas de la noche, el teléfono sonó.

Era ella.

Cuanto alcanza un hombre a expresar de remordimiento, lo expresé en mi largo discurso.

—¡Vuelva! —supliqué por toda conclusión.

—No puedo —repuso ella. Y más burlonamente aún—: Estoy desnuda...

—Yo cazaré tigres para usted...

—¿Usted, cazar tigres?... Usted es un cazador de historietas y no siempre verosímiles... Pero le estoy muy agradecida, sin embargo. Y si alguna vez vuelvo...

La voz se cortó. No oí más. Ni al día siguiente, ni después, nunca.

El vampiro

—Sí —dijo el abogado Rhode—. Yo tuve esa causa. Es un caso, bastante raro por aquí, de vampirismo. Rogelio Castelar, un hombre hasta entonces normal fuera de algunas fantasías, fue sorprendido una noche en el cementerio arrastrando el cadáver recién enterrado de una mujer. El individuo tenía las manos destrozadas porque había removido un metro cúbico de tierra con las uñas. En el borde de la fosa yacían los restos del ataúd, recién quemado. Y como complemento macabro, un gato, sin duda forastero, yacía por allí con los riñones rotos. Como ven, nada faltaba al cuadro.

En la primera entrevista con el hombre vi que tenía que habérmelas con un fúnebre loco. Al principio se obstinó en no responderme, aunque sin dejar un instante de asentir con la cabeza a mis razonamientos. Por fin pareció hallar en mí al hombre digno de oírle. La boca le temblaba por la ansiedad de comunicarse.

—¡Ah! ¡Usted me entiende! —exclamó, fijando en mí sus ojos de fiebre. Y continuó con un vértigo de que apenas puede dar idea lo que recuerdo:

—¡A usted le diré todo! ¡Sí! ¿Qué cómo fue eso del ga... de la gata? ¡Yo! ¡Solamente yo!

—Óigame: Cuando yo llegué... allá, mi mujer...

—¿Dónde allá? —le interrumpí.

—Allá... ¿La gata o no? ¿Entonces?... Cuando yo llegué mi mujer corrió como una loca a abrazarme. Y enseguida se desmayó. Todos se precipitaron entonces sobre mí, mirándome con ojos de locos.

¡Mi casa! ¡Se había quemado, derrumbado, hundido con todo lo que tenía dentro! ¡Ésa, ésa era mi casa! ¡Pero ella no, mi mujer mía!

Entonces un miserable devorado por la locura me sacudió el hombro, gritándome:

—¿Qué hace? ¡Conteste!

Y yo le contesté:

—¡Es mi mujer! ¡Mi mujer mía que se ha salvado!

Entonces se levantó un clamor:

—¡No es ella! ¡Ésa no es!

Sentí que mis ojos, al bajarse a mirar lo que yo tenía entre mis brazos, querían saltarse de las órbitas ¿No era ésa María, la María de mí, y desmayada? Un golpe de sangre me encendió los ojos y de mis brazos cayó una mujer que no era María. Entonces salté sobre una barrica y dominé a todos los trabajadores. Y grité con la voz ronca:

—¡Por qué! ¡Por qué!

Ni uno solo estaba peinado porque el viento les echaba a todos el pelo de costado. Y los ojos de fuera mirándome.

Entonces comencé a oír de todas partes:

—Murió.

—Murió aplastada.

—Murió.

—Gritó.

—Gritó una sola vez.

—Yo sentí que gritaba.

—Yo también.

—Murió.

—La mujer de él murió aplastada.

—¡Por todos los santos! —grité yo entonces retorciéndome las manos—. ¡Salvémosla, compañeros! ¡Es un deber nuestro salvarla!

Y corrimos todos. Todos corrimos con silenciosa furia a los escombros. Los ladrillos volaban, los marcos caían desescuadrados y la remoción avanzaba a saltos.

A las cuatro yo solo trabajaba. No me quedaba una uña sana, ni en mis dedos había otra cosa que escarbar. ¡Pero en mi pecho! ¡Angustia y furor de tremebunda desgracia que temblaste en mi pecho al buscar a mi María!

No quedaba sino el piano por remover. Había allí un silencio de epidemia, una enagua caída y ratas muertas. Bajo el piano tumbado, sobre el piso granate de sangre y carbón, estaba aplastada la sirvienta.

Yo la saqué al patio, donde no quedaban sino cuatro paredes silenciosas, viscosas de alquitrán y agua. El suelo resbaladizo reflejaba el cielo oscuro. Entonces cogí a la sirvienta y comencé a arrastrarla alrededor del patio.

Eran míos esos pasos. ¡Y qué pasos! ¡Un paso, otro paso otro paso!

En el hueco de una puerta —carbón y agujero, nada más— estaba acurrucada la gata de casa, que había escapado al desastre, aunque estropeada. La cuarta vez que la sirvienta y yo pasamos frente a ella, la gata lanzó un aullido de cólera.

¡Ah! ¿No era yo, entonces?, grité desesperado. ¿No fui yo el que buscó entre los escombros, la ruina y la mortaja de los marcos, un solo pedazo de mi María?

La sexta vez que pasamos delante de la gata, el animal se erizó. La séptima vez se levantó, llevando a la rastra las patas de atrás. Y nos siguió entonces así, esforzándose por mojar la lengua en el pelo engrasado de la sirvienta —¡de ella, de María, no, maldito rebuscador de cadáveres!

—¡Rebuscador de cadáveres! —repetí yo mirándolo—. ¡Pero entonces eso fue en el cementerio!

El vampiro se aplastó entonces el pelo mientras me miraba con sus inmensos ojos de loco.

—¡Conque sabías entonces! —articuló—. ¡Conque todos lo saben y me dejan hablar una hora! ¡Ah! —rugió en un solloso echando la cabeza atrás y deslizándose por la pared hasta caer sentado—: ¡Pero quién me dice al miserable yo, aquí, por qué en mi casa me arranqué las uñas para no salvar del alquitrán ni el pelo colgante de mi María!

No necesitaba más, como ustedes comprenden —concluyó el abogado—, para orientarme totalmente respecto del individuo. Fue internado enseguida. Hace ya dos años de esto, y anoche ha salido, perfectamente curado...

—¿Anoche? —exclamó un hombre joven de riguroso luto—. ¿Y de noche se da de alta a los locos?

—¿Por qué no? El individuo está curado, tan sano como usted y como yo. Por lo demás, si reincide, lo que es de regla en estos vampiros, a estas horas debe de estar ya en funciones. Pero estos no son asuntos míos. Buenas noches, señores.

Juan Darién

Aquí se cuenta la historia de un tigre que se crió y educó entre los hombres, y que se llamaba Juan Darién. Asistió cuatro años a la escuela vestido de pantalón y camisa, y dio sus lecciones correctamente, aunque era un tigre de las selvas; pero esto se debe a que su figura era de hombre, conforme se narra en las siguientes líneas.

Una vez, a principio de otoño, la viruela visitó un pueblo de un país lejano y mató a muchas personas. Los hermanos perdieron a sus hermanitas, y las criaturas que comenzaban a caminar quedaron sin padre ni madre. Las madres perdieron a su vez a sus hijos, y una pobre mujer joven y viuda llevó ella misma a enterrar a su hijito, lo único que tenía en este mundo. Cuando volvió a su casa, se quedó sentada pensando en su chiquillo. Y murmuraba:

—Dios debía haber tenido más compasión de mí, y me ha llevado a mi hijo. En el cielo podrá haber ángeles, pero mi hijo no los conoce. Y a quien él conoce bien es a mí, ¡pobre hijo mío!

Y miraba a lo lejos, pues estaba sentada en el fondo de su casa, frente a un portoncito donde se veía la selva.

Ahora bien; en la selva había muchos animales feroces que rugían al caer la noche y al amanecer. Y la pobre mujer, que continuaba sentada, alcanzó a ver en la oscuridad una cosa chiquita y vacilante que entraba por la puerta, como un gatito que apenas tuviera fuerzas para caminar. La mujer se agachó y levantó en las manos un tigrecito de pocos días, pues aún tenía los ojos cerrados. Y cuando el mísero cachorro sintió contacto de las manos, runruneó de contento, porque ya no estaba solo. La madre tuvo largo rato suspendido en el aire aquel pequeño enemigo de los hombres, a aquella fiera indefensa que tan fácil le hubiera sido exterminar. Pero quedó pensativa ante el desvalido cachorro que venía quién sabe de dónde y cuya madre con seguridad había muerto. Sin pensar bien en lo que hacía llevó al cachorrito a su seno y lo rodeó con sus grandes manos. Y el tigrecito, al sentir el calor del pecho, buscó postura cómoda, runruneó tranquilo y se durmió con la garganta adherida al seno maternal.

La mujer, pensativa siempre, entró en la casa. Y en el resto de la noche, al oír los gemidos de hambre del cachorrito, y al ver cómo buscaba su seno con los ojos cerrados, sintió en su corazón herido que, ante la suprema ley del Universo, una vida equivale a otra vida...

Y dio de mamar al tigrecito.

El cachorro estaba salvado, y la madre había hallado un inmenso consuelo. Tan grande su consuelo, que vio con terror el momento en que aquél le sería arrebatado, porque si se llegaba a saber en el pueblo que ella amamantaba a un ser salvaje, matarían con seguridad a la pequeña fiera. ¿Qué hacer? El cachorro, suave y cariñoso —pues jugaba con ella sobre su pecho era ahora su propio hijo.

En estas circunstancias, un hombre que una noche de lluvia pasaba corriendo ante la casa de la mujer oyó un gemido áspero —el ronco gemido de las fieras que, aún recién nacidas, sobresaltan al ser humano—. El hombre se detuvo bruscamente, y mientras buscaba a tientas el revólver, golpeó la puerta. La madre, que había oído los pasos, corrió loca de angustia a ocultar el tigrecito en el jardín. Pero su buena suerte quiso que al abrir la puerta del fondo se hallara ante una mansa, vieja y sabia serpiente que le cerraba el paso. La desgraciada mujer iba a gritar de terror, cuando la serpiente habló así:

—Nada temas, mujer —le dijo—. Tu corazón de madre te ha permitido salvar una vida del Universo, donde todas las vidas tienen el mismo valor. Pero los hombres no te comprenderán, y querrán matar a tu nuevo hijo. Nada temas, ve tranquila. Desde este momento tu hijo tiene forma humana; nunca lo reconocerán. Forma su corazón, enséñale a ser bueno como tú, y él no sabrá jamás que no es hombre. A menos... a menos que una madre de entre los hombres lo acuse; a menos que una madre no le exija que devuelva con su sangre lo que tú has dado por él, tu hijo será siempre digno de ti. Ve tranquila, madre, y apresúrate, que el hombre va a echar la puerta abajo.

Y la madre creyó a la serpiente, porque en todas las religiones de los hombres la serpiente conoce el misterio de las vidas que pueblan los mundos. Fue, pues, corriendo a abrir la puerta, y el hombre, furioso, entró con el revólver en la mano y buscó por todas partes sin hallar nada. Cuando salió, la mujer abrió, temblando, el rebozo bajo el cual ocultaba al tigrecito sobre su seno, y en su lugar vio a un niño que dormía tranquilo. Traspasada de dicha, lloró largo rato en silencio sobre su salvaje hijo hecho hombre; lágrimas de gratitud que doce años más tarde ese mismo hijo debía pagar con sangre sobre su tumba.

Pasó el tiempo. El nuevo niño necesitaba un nombre: se le puso Juan Darién. Necesitaba alimentos, ropa, calzado: se le dotó de todo, para lo cual la madre trabajaba día y noche. Ella era aún muy joven, y podría haberse vuelto a casar, si hubiera querido; pero le bastaba el amor entrañable de su hijo, amor que ella devolvía con todo su corazón.

Juan Darién era, efectivamente, digno de ser querido: noble, bueno y generoso como nadie. Por su madre, en particular, tenía una veneración profunda. No mentía jamás.

¿Acaso por ser un ser salvaje en el fondo de su naturaleza? Es posible; pues no se sabe aún qué influencia puede tener en un animal recién nacido la pureza de un alma bebida con la leche en el seno de una santa mujer.

Tal era Juan Darién. E iba a la escuela con los chicos de su edad, los que se burlaban a menudo de él, a causa de su pelo áspero y su timidez. Juan Darién no era muy inteligente; pero compensaba esto con su gran amor al estudio.

Así las cosas, cuando la criatura iba a cumplir diez años, su madre murió. Juan Darién sufrió lo que no es decible, hasta que el tiempo apaciguó su pena. Pero fue en adelante un muchacho triste, que solo deseaba instruirse.

Algo debemos confesar ahora: a Juan Darién no se le amaba en el pueblo. La gente de los pueblos encerrados en la selva no gustan de los muchachos demasiado generosos y que estudian con toda el alma. Era, además, el primer alumno de la escuela. Y este conjunto precipitó el desenlace con un acontecimiento que dio razón a la profecía de la serpiente.

Apróntabase el pueblo a celebrar una gran fiesta, y de la ciudad distante habían mandado fuegos artificiales. En la escuela se dio un repaso general a los chicos, pues un inspector debía venir a observar las clases. Cuando el inspector llegó, el maestro hizo dar la lección al primero de todos: a Juan Darién. Juan Darién era el alumno más aventajado; pero con la emoción del caso, tartamudeó y la lengua se le trabó con un sonido extraño. El inspector observó al alumno un largo rato, y habló enseguida en voz baja con el maestro.

—¿Quién es ese muchacho? —le preguntó—. ¿De dónde ha salido?

—Se llama Juan Darién —respondió el maestro y lo crió una mujer que ya ha muerto; pero nadie sabe de dónde ha venido.

—Es extraño, muy extraño... —murmuró el inspector, observando el pelo áspero y el reflejo verdoso que tenían los ojos de Juan Darién cuando estaba en la sombra.

El inspector sabía que en el mundo hay cosas mucho más extrañas que las que nadie puede inventar, y sabía al mismo tiempo que con preguntas a Juan Darién nunca podría averiguar si el alumno había sido antes lo que él temía: esto es, un animal salvaje. Pero así como hay hombres que en estados especiales recuerdan cosas que les han pasado a sus abuelos, así era también posible que, bajo una sugestión hipnótica, Juan Darién recordara su vida de bestia salvaje. Y los chicos que lean esto y no sepan de qué se habla, pueden preguntarlo a las personas grandes.

Por lo cual el inspector subió a la tarima y habló así:

—Bien, niño. Deseo ahora que uno de ustedes nos describa la selva. Ustedes se han criado casi en ella y la conocen bien. ¡Cómo es la selva? ¿Qué pasa en ella? Esto es lo que quiero saber. Vamos a ver, tú —añadió dirigiéndose a un alumno cualquiera—. Sube a la tarima y cuéntanos lo que hayas visto.

El chico subió, y aunque estaba asustado, habló un rato. Dijo que en el bosque hay árboles gigantes, enredaderas y florecillas. Cuando concluyó, pasó otro chico a la tarima, después otro. Y aunque todos conocían bien la selva, respondieron lo mismo, porque los chicos y muchos hombres no cuentan lo que ven, sino lo que han leído sobre lo mismo que acaban de ver. Y al fin el inspector dijo:

—Ahora le toca al alumno Juan Darién.

Juan Darién dijo más o menos lo que los otros. Pero el inspector, poniéndole la mano sobre el hombro exclamó:

—No, no. Quiero que tú recuerdes bien lo que has visto. Cierra los ojos.

Juan Darién cerró los ojos.

—Bien —prosiguió el inspector—. Dime lo que ves en la selva.

Juan Darién, siempre con los ojos cerrados, demoró un instante en contestar.

—No veo nada —dijo al fin.

—Pronto vas a ver. Figurémonos que son las tres de la mañana, poco antes del amanecer. Hemos concluido de comer, por ejemplo... estamos en la selva, en la oscuridad... Delante de nosotros hay un arroyo... ¿Qué ves?

Juan Darién pasó otro momento en silencio. Y en la clase y en el bosque próximo había también un gran silencio. De pronto Juan Darién se estremeció, y con voz lenta, como si soñara, dijo:

—Veo las piedras que pasan y las ramas que se doblan... Y el suelo... Y veo las hojas secas que se quedan aplastadas sobre las piedras...

—¡Un momento! —le interrumpe el inspector—. Las piedras y las hojas que pasan, ¿a qué altura las ves?

El inspector preguntaba esto porque si Juan Darién estaba «viendo» efectivamente lo que él hacía en la selva cuando era animal salvaje e iba a beber después de haber comido, vería también que las piedras que encuentra un tigre o una pantera que se acercan muy agachados al río pasan a la altura de los ojos. Y repitió:

—¿A qué altura ves las piedras?

Y Juan Darién, siempre con los ojos cerrados, respondió:

—Pasan sobre el suelo... Rozan las orejas... Y las hojas sueltas se mueven con el aliento... Y siento la humedad del barro en...

La voz de Juan Darién se cortó.

—¿En dónde? —preguntó con voz firme el inspector—. ¿Dónde sientes la humedad del agua?

—¡En los bigotes! —dijo con voz ronca Juan Darién, abriendo los ojos espantado.

Comenzaba el crepúsculo, y por la ventana se veía cerca la selva ya lóbrega.

Los alumnos no comprendieron lo terrible de aquella evocación; pero tampoco se rieron de esos extraordinarios bigotes de Juan Darién, que no tenía bigote alguno. Y no se rieron, porque el rostro de la criatura estaba pálido y ansioso.

La clase había concluido. El inspector no era un mal hombre; pero, como todos los hombres que viven muy cerca de la selva, odiaba ciegamente a los tigres; por lo cual dijo en voz baja al maestro:

—Es preciso matar a Juan Darién. Es una fiera del bosque, posiblemente un tigre. Debemos matarlo, porque si no, él, tarde o temprano, nos matará a todos. Hasta ahora su maldad de fiera no ha despertado; pero explotará un día u otro, y entonces nos devorará a todos, puesto que le permitimos vivir con nosotros. Debemos, pues, matarlo. La dificultad está en que no podemos hacerlo mientras tenga forma humana, porque no podremos probar ante todos que es un tigre. Parece un hombre, y con los hombres hay que proceder con cuidado. Yo sé que en la ciudad hay un domador de fieras. Llamémoslo, y él hallará modo de que Juan Darién vuelva a su cuerpo de tigre. Y aunque no pueda convertirlo en tigre, las gentes nos creerán y podremos echarlo a la selva. Llamemos enseguida al domador, antes que Juan Darién se escape.

Pero Juan Darién pensaba en todo menos en escaparse, porque no se daba cuenta de nada. ¿Cómo podía creer que él no era hombre, cuando jamás había sentido otra cosa que amor a todos, y ni siquiera tenía odio a los animales dañinos?

Mas las voces fueron corriendo de boca en boca, y Juan Darién comenzó a sufrir sus efectos. No le respondían una palabra, se apartaban vivamente a su paso, y lo seguían desde lejos de noche.

—¿Qué tendré? ¿Por qué son así conmigo? —se preguntaba Juan Darién.

Y ya no solamente huían de él, sino que los muchachos le gritaban:

—¡Fuera de aquí! ¡Vuélvete donde has venido! ¡Fuera!

Los grandes también, las personas mayores, no estaban menos enfurecidas que los muchachos. Quién sabe qué llega a pasar si la misma tarde de la fiesta no hubiera llegado por fin el ansiado domador de fieras. Juan Darién estaba en su casa preparándose la pobre sopa que tomaba, cuando oyó la gritería de las gentes que avanzaban precipitadas hacia su casa. Apenas tuvo tiempo de salir a ver qué era: Se apoderaron de él, arrastrándolo hasta la casa del domador.

—¡Aquí está! —gritaban, sacudiéndolo—. ¡Es éste! ¡Es un tigre! ¡No queremos saber nada con tigres! ¡Quítele su figura de hombre y lo mataremos!

Y los muchachos, sus condiscípulos a quienes más quería, y las mismas personas viejas, gritaban:

—¡Es un tigre! ¡Juan Darién nos va a devorar! ¡Muera Juan Darién!

Juan Darién protestaba y lloraba porque los golpes llovían sobre él, y era una criatura de doce años. Pero en ese momento la gente se apartó, y el domador, con grandes botas de charol, levita roja y un látigo en la mano, surgió ante Juan Darién. El domador lo miró fijamente, y apretó con fuerza el puño del látigo.

—¡Ah! —exclamó—. ¡Te reconozco bien! ¡A todos puedes engañar, menos a mí! ¡Te estoy viendo, hijo de tigres! ¡Bajo tu camisa estoy viendo las rayas del tigre! ¡Fuera la camisa, y traigan los perros cazadores! ¡Veremos ahora si los perros te reconocen como hombre o como tigre!

En un segundo arrancaron toda la ropa a Juan Darién y lo arrojaron dentro de la jaula para fieras.

—¡Suelten los perros, pronto! —gritó el domador—. ¡Y encomiéndate a los dioses de tu selva, Juan Darién!

Y cuatro feroces perros cazadores de tigres fueron lanzados dentro de la jaula.

El domador hizo esto porque los perros reconocen siempre el olor del tigre; y en cuanto olfatearan a Juan Darién sin ropa, lo harían pedazos, pues podrían ver con sus ojos de perros cazadores las rayas de tigre ocultas bajo la piel de hombre.

Pero los perros no vieron otra cosa en Juan Darién que el muchacho bueno que quería hasta a los mismos animales dañinos. Y movían apacibles la cola al olerlo

—¡Devóralo! ¡Es un tigre! ¡Toca! ¡Toca! —gritaban a los perros—. Y los perros ladraban y saltaban enloquecidos por la jaula, sin saber a qué atacar.

La prueba no había dado resultado.

—¡Muy bien! —exclamó entonces el domador—. Estos son perros bastardos, de casta de tigre. No le reconocen. Pero yo te reconozco, Juan Darién, y ahora nos vamos a ver nosotros.

Y así diciendo entró él en la jaula y levantó el látigo.

—¡Tigre! —gritó—. ¡Estás ante un hombre, y tú eres un tigre! ¡Allí estoy viendo, bajo tu piel robada de hombre, las rayas de tigre! ¡Muestra las rayas!

Y cruzó el cuerpo de Juan Darién de un feroz latigazo. La pobre criatura desnuda lanzó un alarido de dolor, mientras las gentes, enfurecidas, repetían.

—¡Muestra las rayas de tigre!

Durante un rato prosiguió el atroz suplicio; y no deseo que los niños que me oyen vean martirizar de este modo a ser alguno.

—¡Por favor! ¡Me muero! —clamaba Juan Darién.

—¡Muestra las rayas! —le respondían.

Por fin el suplicio concluyó. En el fondo de la jaula arrinconado, aniquilado en un rincón, solo quedaba su cuerpecito sangriento de niño, que había sido Juan Darién. Vivía aún, y aún podía caminar cuando se le sacó de allí; pero lleno de tales sufrimientos como nadie los sentirá nunca.

Lo sacaron de la jaula, y empujándolo por el medio de la calle, lo echaban del pueblo. Iba cayéndose a cada momento, y detrás de él los muchachos, las mujeres y los hombres maduros, empujándolo.

—¡Fuera de aquí, Juan Darién! ¡Vuélvete a la selva, hijo de tigre y corazón de tigre! ¡Fuera, Juan Darién!

Y los que estaban lejos y no podían pegarle, le tiraban piedras.

Juan Darién cayó del todo, por fin, tendiendo en busca de apoyo sus pobres manos de niño. Y su cruel destino quiso que una mujer, que estaba parada a la puerta de su casa sosteniendo en los brazos a una inocente criatura, interpretara mal ese ademán de súplica.

—¡Me ha querido robar a mi hijo! —gritó la mujer—. ¡Ha tendido las manos para matarlo! ¡Es un tigre! ¡Matémosle enseguida, antes que él mate a nuestros hijos!

Así dijo la mujer. Y de este modo se cumplía la profecía de la serpiente: Juan Darién moriría cuando una madre de los hombres le exigiera la vida y el corazón de hombre que otra madre le había dado con su pecho.

No era necesaria otra acusación para decidir a las gentes enfurecidas. Y veinte brazos con piedras en la mano se levantaban ya para aplastar a Juan Darién cuando el domador ordenó desde atrás con voz ronca:

—¡Marquémoslo con rayas de fuego! ¡Quememoslo en los fuegos artificiales!

Ya comenzaba a oscurecer, y cuando llegaron a la plaza era noche cerrada. En la plaza habían levantado un castillo de fuegos de artificio, con ruedas, coronas y luces de bengala. Ataron en lo alto del centro a Juan Darién, y prendieron la mecha desde un extremo. El hilo de fuego corrió velozmente subiendo y bajando, y encendió el castillo entero. Y entre las estrellas fijas y las ruedas gigantes de todos colores, se vio allá arriba a Juan Darién sacrificado.

—¡Es tu último día de hombre, Juan Darién! —clamaban todos—. ¡Muestra las rayas!

—¡Perdón, perdón! —gritaba la criatura, retorciéndose entre las chispas y las nubes de humo. Las ruedas amarillas, rojas y verdes giraban vertiginosamente, unas a la derecha y otras a la izquierda. Los chorros de fuego tangente trazaban grandes circunferencias; y en el medio, quemado por los regueros de chispas que le cruzaban el cuerpo, se retorcía Juan Darién.

—¡Muestra las rayas! —rugían aún de abajo.

—¡No, perdón! ¡Yo soy hombre! —tuvo aún tiempo de clamar la infeliz criatura. Y tras un nuevo surco de fuego, se pudo ver que su cuerpo se sacudía convulsivamente; que sus gemidos adquirían un timbre profundo y ronco, y que su cuerpo cambiaba poco a poco de forma. Y la muchedumbre, con un grito salvaje de triunfo, pudo ver surgir por fin, bajo la piel del hombre, las rayas negras, paralelas y fatales del tigre.

La atroz obra de crueldad se había cumplido; habían conseguido lo que querían. En vez de la criatura inocente de toda culpa, allá arriba no había sino un cuerpo de tigre que agonizaba rugiendo.

Las luces de bengala se iban también apagando. Un último chorro de chispas con que moría una rueda alcanzó la soga atada a las muñecas (no: a las patas del tigre, pues Juan Darién había concluido), y el cuerpo cayó pesadamente al suelo. Las gentes lo arrastraron hasta la linde del bosque, abandonándolo allí para que los chacales devoraran su cadáver y su corazón de fiera.

Pero el tigre no había muerto. Con la frescura nocturna volvió en sí, y arrastrándose presa de horribles tormentos se internó en la selva. Durante un mes entero no abandonó su guarida en lo más tupido del bosque, esperando con sombría paciencia de fiera que sus heridas curaran. Todas cicatrizaron por fin, menos una, una profunda quemadura en el costado, que no cerraba, y que el tigre vendó con grandes hojas.

Porque había conservado de su forma recién perdida tres cosas: el recuerdo vivo del pasado, la habilidad de sus manos, que manejaba como un hombre, y el lenguaje. Pero en el resto, absolutamente en todo, era una fiera, que no se distinguía en lo más mínimo de los otros tigres.

Cuando se sintió por fin curado, pasó la voz a los demás tigres de la selva para que esa misma noche se reunieran delante del gran cañaveral que lindaba con los cultivos. Y al entrar la noche se encaminó silenciosamente al pueblo. Trepó a un árbol de los alrededores y esperó largo tiempo inmóvil. Vio pasar bajo él sin inquietarse a mirar siquiera, pobres mujeres y labradores fatigados, de aspecto miserable;

hasta que al fin vio avanzar por el camino a un hombre de grandes botas y levita roja.

El tigre no movió una sola ramita al recogerse para saltar. Saltó sobre el domador; de una manotada lo derribó desmayado, y cogiéndolo entre los dientes por la cintura, lo llevó sin hacerle daño hasta el juncal.

Allí, al pie de las inmensas cañas que se alzaban invisibles, estaban los tigres de la selva moviéndose en la oscuridad, y sus ojos brillaban como luces que van de un lado para otro. El hombre proseguía desmayado. El tigre dijo entonces:

—Hermanos: Yo viví doce años entre los hombres, como un hombre mismo. Y yo soy un tigre. Tal vez pueda con mi proceder borrar más tarde esta mancha. Hermanos: esta noche rompo el último lazo que me liga al pasado.

Y después de hablar así, recogió en la boca al hombre, que proseguía desmayado, y trepó con él a lo más alto del cañaveral, donde lo dejó atado entre dos bambúes. Luego prendió fuego a las hojas secas del suelo, y pronto una llamarada crujiente ascendió. Los tigres retrocedían espantados ante el fuego. Pero el tigre les dijo: «¡Paz, hermanos!», y aquéllos se apaciguaron, sentándose de vientre con las patas cruzadas a mirar.

El juncal ardía como un inmenso castillo de artificio. Las cañas estallaban como bombas, y sus gases se cruzaban en agudas flechas de color. Las llamaradas ascendían en bruscas y sordas bocanadas, dejando bajo ella lívidos huecos; y en la cúspide, donde aún no llegaba el fuego, las cañas se balanceaban crispadas por el calor.

Pero el hombre, tocado por las llamas, había vuelto en sí. Vio allá abajo a los tigres con los ojos cárdenos alzados a él, y lo comprendió todo.

—¡Perdón, perdóname! —aulló retorciéndose—. ¡Pido perdón por todo!

Nadie contestó. El hombre se sintió entonces abandonado de Dios, y gritó con toda su alma:

—¡Perdón, Juan Darién!

Al oír esto, Juan Darién alzó la cabeza y dijo fríamente:

—Aquí no hay nadie que se llame Juan Darién. No conozco a Juan Darién. Éste es un nombre de hombre, y aquí somos todos tigres.

Y volviéndose a sus compañeros, como si no comprendiera, preguntó:

—¿Alguno de ustedes se llama Juan Darién?

Pero ya las llamas habían abrasado el castillo hasta el cielo. Y entre las agudas luces de bengala que entrecruzaban la pared ardiente, se pudo ver allá arriba un cuerpo negro que se quemaba humeando.

—Ya estoy pronto, hermanos —dijo el tigre—. Pero aún me queda algo por hacer.

Y se encaminó de nuevo al pueblo, seguido por los tigres sin que él lo notara. Se detuvo ante un pobre y triste jardín, saltó la pared, y pasando al costado de muchas cruces y lápidas, fue a detenerse ante un pedazo de tierra sin ningún adorno, donde estaba enterrada la mujer a quien había llamado madre ocho años. Se arrodilló —se arrodilló como un hombre—, y durante un rato no se oyó nada.

—¡Madre! —murmuró por fin el tigre con profunda ternura—. Tú sola supiste, entre todos los hombres, los sagrados derechos a la vida de todos los seres del Universo, Tú sola comprendiste que el hombre y el tigre se diferencian únicamente por el corazón. Y tú me enseñaste a amar, a comprender, a perdonar. ¡Madre!, estoy seguro de que me oyes. Soy tu hijo siempre, a pesar de lo que pase en adelante pero de ti solo. ¡Adiós, madre mía!

Y viendo al incorporarse los ojos cárdenos de sus hermanos que lo observaban tras la tapia, se unió otra vez a ellos.

El viento cálido les trajo en ese momento, desde el fondo de la noche, el estampido de un tiro.

—Es en la selva —dijo el tigre—. Son los hombres. Están cazando, matando, degollando.

Volviéndose entonces hacia el pueblo que iluminaba el reflejo de la selva encendida, exclamó:

—¡Raza sin redención! ¡Ahora me toca a mí!

Y retornando a la tumba en que acaba de orar, arrancóse de un manotón la venda de la herida y escribió en la cruz con su propia sangre, en grandes caracteres, debajo del nombre de su madre:

Y

JUAN DARIÉN

—Ya estamos en paz —dijo. Y enviando con sus hermanos un rugido de desafío al pueblo aterrado, concluyó:

—Ahora, a la selva. ¡Y tigre para siempre!

Libros a la carta

A la carta es un servicio especializado para
empresas,
librerías,
bibliotecas,
editoriales
y centros de enseñanza;
y permite confeccionar libros que, por su formato y con-
cepción, sirven a los propósitos más específicos de estas ins-
tituciones.

Las empresas nos encargan ediciones personalizadas para
marketing editorial o para regalos institucionales. Y los in-
teresados solicitan, a título personal, ediciones antiguas, o
no disponibles en el mercado; y las acompañan con notas y
comentarios críticos.

Las ediciones tienen como apoyo un libro de estilo con
todo tipo de referencias sobre los criterios de tratamiento
tipográfico aplicados a nuestros libros que puede ser consul-
tado en Linkgua-ediciones.com.

Linkgua ediciones edita por encargo diferentes versiones
de una misma obra con distintos tratamientos ortotipográ-
ficos (actualizaciones de carácter divulgativo de un clásico,
o versiones estrictamente fieles a la edición original de refe-
rencia).

Este servicio de ediciones a la carta le permitirá, si usted
se dedica a la enseñanza, tener una forma de hacer pública
su interpretación de un texto y, sobre una versión digitaliza-
da «base», usted podrá introducir interpretaciones del texto
fuente. Es un tópico que los profesores denuncien en clase
los desmanes de una edición, o vayan comentando errores

de interpretación de un texto y esta es una solución útil a esa necesidad del mundo académico.

Asimismo publicamos de manera sistemática, en un mismo catálogo, tesis doctorales y actas de congresos académicos, que son distribuidas a través de nuestra Web.

El servicio de «libros a la carta» funciona de dos formas.

1. Tenemos un fondo de libros digitalizados que usted puede personalizar en tiradas de al menos cinco ejemplares. Estas personalizaciones pueden ser de todo tipo: añadir notas de clase para uso de un grupo de estudiantes, introducir logos corporativos para uso con fines de marketing empresarial, etc. etc.

2. Buscamos libros descatalogados de otras editoriales y los reeditamos en tiradas cortas a petición de un cliente.

Printed in Poland
by Amazon Fulfillment
Poland Sp. z o.o., Wrocław

69305497R00058